Richard Manchester

GIANT GRAB A PENCIL® LARGE PRINT SUDOKU

BRISTOL PARK BOOKS

T0124379

Visit www.pennydellpuzzles.com for more great puzzles

First BRISTOL PARK BOOKS edition published in 2014

BRISTOL PARK BOOKS
252 W. 38TH STREET
NEW YORK, NY 10018

BRISTOL PARK BOOKS is a registered trademark of BRISTOL PARK BOOKS, INC.
Published by arrangement with Penny Publications LLC
ISBN:978-0-88486-558-2
Printed in the United States of America

TABLE OF CONTENTS

SOLVING DIRECTIONS

Standard Sudoku: To solve, place a number into each box so that each row across, each column down, and each small 9-box square within the larger diagram (there are 9 of these) will contain every number from 1 through 9. In other words, no number may appear more than once in any row, column, or smaller 9-box square. Working with the numbers already given as a guide, complete each diagram with the missing numbers that will lead to the correct solution.

EXAMPLE

		7	9					1
	2	3	8			6	7	
		6		2	7			
	7	8		5				
	5		2		6		3	
			1			9	5	
			6	3		8		
	8	4				9	2	1
2					1	3		

EXAMPLE SOLUTION

8	4	7	9	6	3	5	2	1
1	2	3	8	4	5	6	7	9
5	9	6	1	2	7	4	8	3
9	7	8	3	5	4	1	6	2
4	5	1	2	9	6	7	3	8
6	3	2	7	1	8	9	5	4
7	1	9	6	3	2	8	4	5
3	8	4	5	7	9	2	1	6
2	6	5	4	8	1	3	9	7

GETTING STARTED

Look at the ninth column of the example puzzle to the left. There are clues in the puzzle that will tell you where, in this column, the number 3 belongs.

The first clue lies in the eighth column of the diagram. There is a 3 in the fifth box. Since numbers can't be repeated in any 3 x 3 grid, we can't put a 3 in the fourth, fifth, or sixth boxes of the ninth column.

We can also eliminate the bottom three boxes of the ninth column because there's a 3 in that 3 x 3 grid as well. Therefore, the 3 must go in the second or third box of the ninth column.

The final clue lies in the second row of the diagram, which already has a 3 in it. Since numbers can't be repeated within a row, there's only one box left for the 3 — the third box of the ninth column.

Continue in this manner, using the same type of logic and elimination, until the puzzle grid is completely filled in.

SUDOKU PUZZLES

1

5	1			9	8	7		
	4				6			
2					5	8	4	6
			9		1	4	2	
3				8				1
	9	8	6		2			
4	6	2	7					9
			2				5	
		3	8	1			6	7

EASY

2

7				1		3	8	
		9		8				
2			3			4	9	6
			5		2		6	7
3	1			6			4	9
5	6		1		9			
1	2	4			7			3
				5		8		
	5	6		2				1

3

2	1			7	5	3		
4					2		8	
9		8			4	6		
6	7		1		3		5	
		1				8		
	4		9		7		1	6
		5	4			9		1
	2		5					8
		9	7	6			4	2

4

9		1	3					
4				5	9	8		
7	3			4			1	
6			7		5	9		
5		2		3		7		8
		9	6		4			5
	9			1			7	2
		7	2	6				4
					7	5		1

5

4		6		1	8		3	
2							6	8
		9			3	2		5
	7	1		6				
6			4	3	5			1
				9		6	8	
1		2	5			3		
8	4							9
	9		1	7		8		6

10

	9	8	6			1		
4			5		1			2
	5	2		9	8			
	2			5	6			8
5	7						4	6
6			2	1			3	
			9	4		3	7	
9			1		3			5
		3			5	8	9	

11

1		6		5			4	
							3	2
9	3		7					6
		1			8	3	6	7
	7		2	6	1		9	
6	4	8	9			5		
4					3		8	5
7	5							
	1			2		6		9

12

6			9				1	4
	2	5		8				7
					1		8	
	8	4		3	9	2		
	9	1		6		8	7	
		7	5	1		9	4	
	1		3					
4				5		1	2	
8	5				2			9

13

		4	7	9			3	
3	6		1				2	
		9			4		5	
		2	5		3			8
4		8		6		3		9
6			4		9	2		
	4		3			6		
	7				6		9	2
	8			7	5	1		

16

3	8	5				7	6	
			1		6	5		
			5			3	4	
	6				4		5	7
		7	2	8	3	6		
1	4		6				9	
	2	6			1			
		9	7		5			
	5	1				4	3	2

17

		9	2					6
6	1			8		2		
		4	3	9	6			7
4		5			2		3	
	6			5			8	
	2		7			6		1
5			4	1	7	3		
		2		3			6	4
3					9	1		

EASY

18

	4					7		
7					8	9		3
6	9		2		1	8		
5			7	8		3	4	
		9		5		1		
	3	8		6	9			2
		7	6		4		1	8
1		4	3					5
		2					3	

24

19

3			8			5	4	
6	7			9		1		8
		9	3			2		
7					5	6	8	
	8		4		3		5	
	2	6	1					3
		7			8	3		
1		5		4			6	7
	6	8			1			5

20

9	5			1				4
					8	2		
	8		6	2		3	1	
	6		5		4			8
	3	8		9		5	4	
4			7		2		3	
	4	3		6	9		8	
		9	8					
8				5			9	2

21

		4	5				6	2
2	5	6				4		
	1		6		4	9		8
			9	5			8	
	8	9				6	1	
	4			1	3			
1		5	4		8		9	
		8				7	2	1
9	3				1	8		

EASY

22

	1					7		
7		4	6				8	
2			7	1	4	5		
	3		8				9	6
8		9		2		3		7
6	2				7		5	
		5	3	6	9			1
	9				5	6		3
		6					4	

23

	8	7			5	3		
	9		8	7		4	6	
5			3			8	7	
		1		9	7			6
	2						4	
7			5	3		1		
	5	9			4			8
	4	3		1	8		5	
		8	9			2	1	

24

6				2	7			
8		9			5	1		
	1					6	5	7
3	8		9	5				
	6	1		8		4	7	
				6	1		8	9
2	4	8					1	
		6	3			9		8
			4	7				6

25

4				6	1	2		7
	2	5						
3	6		7		9			8
			2			3	1	
	3		8	5	6		7	
	7	9			4			
6			9		8		2	3
						6	4	
9		4	6	3				1

26

4	9		8				6	
6	3				5	7		
2					3		9	
		2	4	5				3
	4	3		8		2	5	
9				1	2	6		
	1		5					2
		4	6				7	5
	7				1		8	6

27

7	8			1		9		4
2			4				3	
	5				3	7	6	
	4		2		9			1
9		7				4		3
3			7		1		9	
	2	9	1				8	
	7				6			9
1		5		8			4	6

28

	7		4		3		9	
	3			1	9			8
1		9			8		3	6
6			1	3		5		9
9		2		5	4			1
2	5		9			6		3
8			3	2			7	
	9		6		1		2	

29

6			8	1				4
5		4	7		3			
	8	2				9	3	
	2			7	4	1		5
	5						7	
8		7	1	5			4	
	6	3				4	2	
			3		7	8		6
2				6	9			3

30

8	6		3		7			2
1			4				9	
	4				1	7	8	
4		5	9	3				
		8		7		6		
				1	4	5		9
	8	3	1				4	
	2				8			3
7			5		3		6	1

31

	3			2		7		
7		6	3		4			
2		8	9					4
	4			1		3		9
			5	9	6			
6		1		4			2	
4					1	2		5
			2		5	9		7
		5		7			1	

32

8			9		6	5		3
				5				
9	2	5			3	8		
		9	4	6				1
	7	1		3		4	5	
2				1	8	3		
		6	5			1	9	7
				7				
7		2	3		4			5

33

		8			2		6	
9		4			5		3	
	7	2	1			4		8
8		5			7			
7			4		6			1
			2			5		4
2		7			4	9	1	
	3		5			2		7
	1		7			3		

34

			2				9	5
8		4		1			6	
6	2	9	8			4		
	8	7		5	4			3
				9				
1			7	2		5	8	
		3			1	6	7	2
	6			3		9		4
4	1				7			

35

	6	4	1	5				3
	9	2	6			8		1
8			3					
	3		5			7		
	7	5		9		1	3	
		9			3		6	
					6			9
1		6			5	2	7	
9				1	7	5	8	

36

1	2	4	3					
		5		9			2	
	8		4			5	1	7
6			7		5	8		9
		8				3		
4		3	9		1			2
8	3	6			2		9	
	9			4		2		
					9	6	3	5

37

	9		4	2	6		1	
1	7				3		5	
2		4				3		
					4		8	1
		9	5	1	2	7		
4	5		3					
		5				4		8
	2		1				9	5
	4		8	6	5		3	

38

	6	4			3		5	2
	8		9	2		7		
2					6		1	
				1	7	2		
4	7			5			6	1
		1	8	6				
	4		6					3
		3		7	4		2	
9	1		2			5	7	

39

9		5	4				2	1
	6		9	7				
	3	4			2		6	
				2	5		1	9
		9		4		8		
8	4		7	3				
	9		6			2	3	
				5	7		9	
6	1				4	5		7

40

		9	2		6	1		8
4						2	7	
		3		8	1		9	
5	9			6				
		2	1	3	4	5		
				2			8	1
	8		9	1		6		
	4	7						3
1		6	4		8	9		

41

		8		2			3	
7	3		4	1	5			
	2		7				1	9
			3			9		6
2			9	4	7			8
5		7			6			
4	7				1		6	
			5	6	4		9	1
	1			7		2		

EASY

42

		5	8	2		1		
3	1				9		2	
				6	3		7	
6		1				4		2
	7		4	5	1		8	
5		8				7		9
	6		7	9				
	5		6				9	8
		9		4	5	2		

48

43

				4			5	
		2			3	1	4	6
	9	6	5		1	7		
3				8	7		9	
1				9				8
	8		4	1				7
		8	1		2	6	3	
2	3	1	8			9		
	4			3				

EASY

$$44$$

	2	5		6		7		8
				3	7	1		9
	1				9			
	9				3		8	
6			2	9	8			7
	3		6				9	
			4				6	
2		9	3	5				
8		3		7		5	4	

45

			9	2	8		3	
2	4					8		5
3		6		4				2
1					5	9		
		3	7		9	6		
		8	4					1
6				9		1		8
8		7					4	3
	3		2	8	7			

46

7		1				2		5
3	9		4		6	7		
		2			7	9		
2	8		7				4	
			1	3	2			
	7				4		2	9
		8	6			3		
		7	2		5		1	6
6		4				8		2

47

2	5		1				7	
8				9		4	2	
9			6		2			3
			5	2		9	4	
4		2				7		5
	1	7		4	8			
3			2		1			8
	2	5		6				4
	6				9		3	7

EASY

48

	2		6					9
		3	8		5		7	4
8		5		7		6		
			7			2		5
		1	4	5	6	7		
5		8			9			
		2		6		9		8
1	4		5		8	3		
6					2		1	

54

49

2		3	6		1		8	
7			3				4	
	4		7			3		1
5	9		8	2				
3	7						1	5
				7	5		9	3
4		6			7		3	
	3				8			6
	8		4		6	5		9

50

	6			4		3		2
	9	1			5			7
	4			1	6			5
7	2	3			1		6	
			6		7			
	5		4			1	7	8
2			8	7			3	
6			2			7	8	
4		8		6			5	

51

2	8		4				5	3
3			8	2		7		
			9			2		8
			2		9	1	3	
	3	2				6	4	
	6	9	7		4			
9		6			2			
		3		9	7			6
4	2				5		9	1

52

4		7	6			5	8	
2			9	4			1	
	8		3					
	1	9			4	7		
8	6			3			9	4
		2	5			8	3	
					6		7	
	9			1	3			5
	7	4			2	9		3

53

		2					8	
8	3		7		2	6		
	4			9			7	5
				6	9		5	4
6		1		2		7		8
4	5		1	8				
7	1			3			6	
		9	2		4		1	7
	2					4		

54

				7	9		5	3
	7				5	1		8
	1	4			8		9	
1		7		2	6			5
		8				9		
3			4	8		6		7
	8		6			2	3	
4		6	8				7	
2	3		5	9				

55

		9				8	1	
1	6		3		8			
8				1		7	3	
	2		7		9		8	
6		1		8		4		5
	3		1		4		7	
	1	6		2				3
			9		6		5	7
	9	4				2		

56

				4				7
		6	8		7	3		
5	1		2					6
3		5		1	8		2	
7	4			6			8	3
	8		4	2		7		5
6					2		3	1
		8	6		1	2		
2				9				

57

7		1			8		4	3
		4	6	5	3			9
	9							5
	7				6	4		
		6	4	8	9	7		
		8	2				1	
4							3	
8			3	1	7	5		
1	3		8			9		7

58

		2		3			5	
		7	4		1	9		
1	4				5			3
9	8		5		2			
7		5		6		8		9
			8		9		4	2
4			9				8	1
		1	2		3	6		
	5			8		4		

59

7	8					2		
	9			1	8		4	
2			3		4	6		8
1					7	9	6	
	3		1		5		2	
	4	7	6					1
9		2	4		3			6
	1		7	2			5	
		3					7	2

60

		6			5		4	2
5	7				4	9		
2				1	7			6
			7	9		5	3	
	9	5				8	2	
	3	8		5	1			
9			1	8				3
		2	5				7	9
1	6		3			2		

61

	4	1			7			8
		7	6	1				5
	9				3	7	1	
	5				6	9		4
9				7				3
7		2	3				8	
	7	6	5				2	
2				4	1	8		
5			9			3	4	

62

		7		2			3	8
	1	3			6	2		
4			3		9		7	
			1	9			2	6
3		1				5		7
2	8			5	3			
	4		9		7			3
		9	5			7	1	
8	7			3		4		

63

	4				9	6		7
	6			5	4		3	
2		7			8	5		
5				8		1	7	
3			1		6			8
	8	4		2				6
		2	4			7		3
	1		3	7			6	
7		3	8				2	

64

		8	1	4			6	
3				8		5	2	
	1	9	2				8	
2			8		9			4
1		4				9		7
6			5		4			2
	3				2	1	4	
	5	2		9				6
	6			3	8	2		

65

	4			6	5	1		
1		7			9		2	
		2			8		3	4
		4			3		5	2
3				5				6
9	1		6			8		
4	8		5			7		
	3		4			2		5
		6	8	7			4	

66

	9	2		8			7	
6		3	2				5	
			4		7	9		6
3					8	5	1	
8				4				3
	4	1	3					2
9		5	6		2			
	1				4	2		9
	8			7		1	6	

67

	9	4		5				8
5					4	7	6	
1			9		6			5
	6		2	7		4		
	4	7				9	8	
		1		3	9		7	
2			1		3			7
	3	6	8					4
4				2		8	5	

68

		7			6		2	4
4	6			2			3	
2			5	9		8		
6	3	9			8			
		4	2		3	7		
			4			3	6	1
		1		8	2			7
	2			1			9	8
7	8		9			2		

69

8		1	3					2
	5			9	1	8		
6					2	1	5	
	6		8	5			9	
4		8				6		5
	1			6	7		4	
	2	3	1					6
		5	7	2			3	
9					8	2		7

70

	1		4	2			7	
		5	6				2	1
7		6		3		4		
4	6		7					2
		3	5		6	8		
5					3		6	9
		4		6		7		8
9	8				4	2		
	3			7	9		1	

71

		2	6	4		7		
4		1			2		3	
	8				5			9
2				3		8		1
	3		2		8		7	
8		7		9				2
3			7				2	
	9		8			1		3
		4		6	9	5		

72

		3	9	5			1	
		7	1		6	2		
1	9					4	8	
4	1		8					9
8				7				2
7					3		5	4
	2	1					3	8
		4	6		8	5		
	5			2	1	7		

73

			6	3	2		1	
2	1		9				8	
9		6				3		5
7		8		5	4			
	5	2				4	3	
			7	2		5		8
1		5				6		9
	6				1		4	2
	7		2	6	9			

74

	7			6		9		1
		1	7		9		2	
9		4		1				7
5		3			7		1	
	2		4		8		3	
	9		1			4		5
4				2		3		6
	1		3		4	2		
3		2		8			7	

75

8	2				5	9		
		5		3	2			1
		7	9			2	5	
9					7		1	6
	1			2			9	
6	7		1					5
	4	6			3	5		
7			6	9		8		
		9	5				6	3

76

				3	9		4	6
	3	6			5			
7	9						8	
2				7	4	9		
5		8				1		7
		3	8	5				2
	2						9	3
			6			8	2	
8	5		9	2				

77

6	9	2	1					
			4		6	8	3	
4				9		2	1	
2		1	7					4
	5		6		4		2	
9				1		3		7
	4	6		5				3
	7	8	3		9			
					1	6	5	8

78

			8		9		7	1
9		1		4			8	
7		6			1	9		
			2			8	5	4
	3			9			1	
5	7	2			4			
		7	4			5		6
	6			3		4		8
8	9		5		2			

79

3		6			4	2		
	1			7	2			6
	2				5		9	
1	8				3	5		
		7		9		1		
		4	6				8	7
	4		5				7	
6			2	3			5	
		3	8			6		1

80

		8	2	5		7		
	3				9		1	8
7	4		1			2		
1	8		5					2
		7		8		1		
3					1		6	5
		5			7		9	6
9	7		6				8	
		1		9	5	3		

81

	2	8			9			6
	1	5		3				9
			7	2			1	5
		4			3	1	5	
5			1		4			8
	8	3	6			9		
8	6			5	2			
2				4		8	6	
4			8			5	7	

82

	1		4	9				8
		2			3		7	1
	3	9	6					2
		3	1			2		5
	7			8			3	
9		1			4	6		
1					9	8	5	
3	6		5			7		
5				2	6		1	

83

			3		6		7	9
	4			5	7	3		
7	3	9					5	
9		8		2	4			
1		3				7		5
			1	3		8		2
	6					2	8	4
		1	6	4			3	
4	8		2		3			

84

5	2			3				1
3	9		8					
					6	3	7	2
		8			7	1	6	
			1		9			
	7	5	4			8		
8	6	4	9					
					1		4	8
2				4			9	5

85

5	4				8		7	
	6			5	4	1		
		8			1		9	4
			8	5	3			7
8		3				2		6
4		2	3	6				
2	8		1			7		
		5	8	7			6	
	1		5				2	9

86

9		2				6		3
			2	6	3		8	
3	6				1		2	
4	7	9		1				
		8	7		4	1		
				5		8	4	7
	1		5				7	8
	5		9	8	7			
8		7				3		2

87

7	6					9	5	
8			5	1		2		
	1		6	2				7
			3		5	1		8
	3						4	
5		4	2		1			
3				5	4		7	
		7		8	3			2
	5	8					3	9

88

8		2	9		7			
4			1			9	7	
	9			3			5	1
		1			4	8	3	
5				2				4
	8	4	7			5		
6	5			8			4	
	2	7			5			9
			6		1	3		5

89

			2	3				5
	3	7		6				
5		6	9			3		
	9		6				2	7
2			4		1			8
6	1				7		4	
		9			2	5		6
				1		4	8	
7				4	9			

90

	7		1	5		2		
9				2	8		1	
2	8					9		4
7	9		5			4		
		8	2		6	3		
		2			4		6	8
8		7					4	5
	4		7	6				2
		3		4	1		7	

91

	1		3		8		7	
9			6			1	8	
4		6		2				
				6			2	1
		3	4		2	5		
1	4			7				
				5		2		8
	2	8			1			5
	9		2		4		3	

EASY

92

		1	6	5				9
7					3	8	5	
	8	5	7					2
		9			7		8	
	2			4			1	
	7		1			9		
9					5	4	2	
	5	3	2					6
1				6	9	3		

93

	5		3		6			2
3	2				4		9	
		7		9		3		4
7	1	2			8			
		6		4		7		
			7			2	6	8
5		9		1		6		
	8		9				3	5
2			4		5		1	

MEDIUM

94

2				7		9	3	
	7			1	9			8
4		9	3				1	
			1		5	6		2
	8	1				3	9	
9		6	8		7			
	4				3	1		9
6			9	2			4	
	9	3		4				6

95

	1		3			8		7
	5				4		1	6
	6	7		1	8			
1				8	2	5		
4		8				7		2
		5	4	6				3
			6	2		4	9	
6	8		1				7	
5		2			7		3	

MEDIUM

96

6			7		2		9	
		2		4			7	1
4		7	3				5	
7		3		5	4			
	4	8				5	1	
			8	9		4		2
	5				8	7		3
1	8			7		9		
	7		4		5			6

97

	6	8	3					9
	3				6		7	1
		1		2	7			6
		7	1			5	9	
3				7				4
	9	4			5	6		
8			4	5		9		
2	4		8				6	
5					2	3	4	

MEDIUM

98

9				7		8		2
2		7			1			
		1	2		4		7	
3			8	4			6	
	8	6				3	2	
	2			5	6			8
	9		7		3	2		
			5			7		4
6		8		2				1

99

4	2						1	3
9	7		4			2		
			8	1		7		
1		3		2			7	
		7	3		6	1		
	4			8		9		5
		9		6	4			
		4			9		6	1
2	1						9	7

MEDIUM

100

8		2	3	1				
	1				4	7		
	5				2	8		1
6	4				8		5	
2				3				7
	7		6				8	4
4		8	7				1	
		7	1				6	
				9	6	4		2

101

	5				7		3	
3	4		8			9		
		9		5		8		7
	3	4		7				9
9			5		1			4
2				6		1	7	
7		8		4		5		
		3			2		4	1
	2		7				6	

MEDIUM

102

5						1	2	4
1			2	8		6		
	2	6	4	3				
	8	3	9					2
	7		3		2		9	
9					8	3	1	
				2	7	9	6	
		7		6	4			1
2	6	5						7

103

			3		4		9	7
	5	9	1					8
4		7		9		1		
9		2	6				5	
	4			2			6	
	1				5	7		4
		4		5		6		2
2					9	3	7	
7	3		2		8			

104

	3				7		5	
	2		1	8				6
8		7			6	3		
7	4				5			2
		6		1		4		
5			4				6	7
		3	6			2		8
2				9	1		4	
	6		3				7	

105

1				2	9	5		
4	5	3			8			
			3			4	6	1
			8			3	4	2
	2			5			1	
8	4	1			2			
6	3	8			7			
			5			7	8	3
		9	1	8				4

MEDIUM

106

	1		2	8				7
2			7		1	5		
6		4				8	1	
8	5	1					6	
			8	4	5			
	4					2	5	8
	3	7				9		6
		6	9		2			4
4				7	6		8	

107

9	6	2			1			
			7	6		1		2
3			2			5	9	
	5			7	2	6		
	9						2	
		8	6	1			4	
	3	4			5			9
7		9		2	6			
			3			8	6	4

108

4	3						7	9
2				8	4	5		
	8		3	5		4		
6			2			1	5	
		8	5		3	6		
	5	2			1			4
		1		3	2		4	
		6	4	7				8
5	2						6	3

109

2							5	8
		8	5	1	4			
	6	5	9					1
		7		4		2		6
	2		7		3		1	
1		6		5		3		
7					8	5	6	
			1	3	5	4		
8	5							2

MEDIUM

110

	1		3			8	7	
6			7		4		1	
7	2			8		3		
1		3				4		5
			5	9	3			
8		9				7		2
		7		4			6	3
	4		9		7			8
	8	1			2		4	

111

	6	3				1		4
5	2		1		4			
			5	9		6		2
	8		3			4	6	
6				4				5
	3	5			2		9	
7		6		2	5			
			7		6		4	8
8		1				2	7	

MEDIUM

			7		6	8	9	
		4	8				6	5
5	8	6		4				
2			5				3	1
		3		1		9		
9	1				4			8
				7		6	8	2
6	2				9	3		
	7	5	6		3			

113

	3				7	6	2	
6	5	7		9				
				5	1		3	9
8		6	2			5		
3			4		5			8
		4			9	3		2
7	6		1	2				
				3		2	7	6
	4	3	5				8	

MEDIUM

114

	7	2				3		8
3				7			6	2
	1		2	3	6			
5		9			4		2	
		6	5		3	4		
	2		6			8		5
			8	6	1		5	
8	6			5				1
1		3				2	8	

115

	3		2	9				1
		4	8		7		6	
7		9					8	4
	7	1	3			8		
3				8				6
		5			9	1	2	
1	8					5		7
	2		9		6	4		
4				1	8		3	

116

	2	6	1					4
5					8		2	3
		1	7		9	5		
	7			1		4		2
	3			5			7	
9		4		7			1	
		8	5			7	2	
7	1		2					9
2					1	6	4	

117

3			4	8				
		1	9			3		7
2		6	7				9	
9	1	2					5	
			6	1	9			
	3					9	1	8
	5				2	6		4
1		3			4	8		
				3	7			5

118

4			3	8			6	
2						3	8	5
	3	9	5		2			
		2	9			5	3	
3				7				8
	4	7			5	2		
			4		9	6	7	
6	9	3						4
	1			5	3			9

119

		7		3		9		1
	9		7		2			8
4	3		9			6		
3	6		2				8	
		8		9		3		
	5				3		1	2
		5			9		6	3
6			3		1		5	
7		3		8		2		

MEDIUM

120

2		4			1		7	
		6		5		3		9
	5		3				2	
6	7	8	4					
4			2		7			6
					5	4	9	7
	4				8		3	
1		7		2		5		
	8		1			9		2

121

	6		3			8		7
9		4			8	5		
	3		9	6				2
2					4	6	5	
	8			3			7	
	7	1	8					3
1				8	7		6	
		6	5			9		4
3		8			6		2	

122

				2	7	4	9	
1	7	6						2
2			6		3	8		
				1	9	5	6	
4	5						7	9
	6	1	7	3				
		9	8		2			1
6						9	2	5
	4	2	5	9				

123

		6			5			1
3		8	7				9	
			3	8			6	2
9			5			2	3	
		2		4		1		
	8	5			3			7
5	4			7	8			
	9				6	4		5
6			1			8		

124

		9	2			4		1
	3			9	1		2	
1		7			5			6
	1			3	2	9		
3	8						6	4
		2	4	5			8	
2			7			5		9
	6		9	2			7	
7		8			3	6		

125

	6	9		1				3
	8		3		9		6	
		3		5		9		4
	7		1		3			9
2		4				1		8
3			8		4		5	
7		2		3		8		
	4		2		5		1	
6				8		4	2	

MEDIUM

126

8	5			9				1
		6	1		4		2	
			6			9		4
	1				7	4		8
	7			6			1	
9		8	5				3	
5		9			1			
	8		7		9	3		
2				4			9	5

127

4	8				1	7		
5			3	7		8		
	6		4				2	3
8		5			2		1	
		2		1		6		
	1		7			5		2
9	4				5		6	
		8		6	7			9
		6	2				8	5

128

	5	3			8			9
				9	6		3	
4		7			3	1		
5	8			2				4
	3		9		5		6	
2				3			7	5
		8	5			7		1
	7		1	8				
1			3			2	9	

129

			8	9		2		3
	1				3	5	6	
8	3	2			1			
4	5				9			2
		9		7		3		
7			2				4	9
			1			6	2	5
	4	5	9				8	
2		1		8	5			

130

2	3		7			8		
			2		5		4	7
	5			3				1
		7	1	2				8
	2	1				5	6	
8				4	6	1		
3				8			1	
9	8		4		7			
		2			3		8	6

131

	7	9		2			3	
		1	5		8			7
		3			9		1	6
3				9		4	8	
7			1		2			9
	1	4		6				2
1	4		2			6		
2			3		4	7		
	3			8		1	2	

132

4	9						3	5
	6			1	4	9		
		3		7	5	6		
7	1		6					9
		6	7		9	2		
2					1		6	8
		2	4	5		3		
		1	2	9			4	
9	5						2	6

133

	9		7		2			4
	4	8				3	2	
		5	4	3				6
9	7	1						2
			6	8	1			
8						5	3	1
1				6	3	9		
	8	9				2	5	
4			5		9		1	

MEDIUM

134

	2				6		1	9
	9		1	7		4		
3		7				5		
1	3		6					4
		5		4		2		
4					7		6	5
		1				9		8
		8		1	2		5	
7	4		9				2	

135

5			3	8				
	1	7				6	5	
	4		6		5	2		
4		3			1			2
	8			9			7	
6			8			4		5
		1	7		6		4	
	9	4				5	6	
				5	4			1

MEDIUM

136

7			3		8	1		
1			2	9			7	
	6	3				2		8
		7	9	4				1
	2						5	
4				2	1	6		
3		6				5	8	
	1			3	2			7
		5	6		4			3

142

137

			7	3			9	
	1	3			9	5		
7	5			2		3		
8					6		7	
5			9		8			1
	2		3					8
		2		6			1	4
		4	8			6	2	
	6			7	2			

MEDIUM

138

1		9			8	4		
6	5		1					2
			6		3		8	5
		2		7		5	3	
	8			6			4	
	9	7		1		8		
2	4		7		1			
8					6		1	4
		5	4			6		3

139

2			4	9			5	
5					7	2	1	
	8	4	2					7
				8		7	3	9
		1	6		9	8		
8	9	5		7				
9					4	5	6	
	5	6	9					2
	2			6	3			1

140

8		2	6	1				
		3	5			2		6
	4		9				7	8
4		7			3		5	
	6			4			2	
	2		7			9		4
2	3				8		4	
1		8			9	7		
				5	6	8		2

141

				3		1	5	7
	8	3	2		5			
	5	1			6	2		
4				5	3			6
5	3						1	2
1			7	8				5
		4	3			5	7	
			9		7	8	6	
8	9	7		6				

142

5	3						6	7
8					2	5		
		7	3	5	4			
	6	4				8	1	
			8	1	6			
	1	8				9	7	
			2	3	8	6		
		3	5					4
1	2						5	8

143

		9	8	1			2	
4	5						8	3
1			3	5		6		
					1		3	2
		8	7		3	5		
3	6		5					
		1		4	5			8
8	4						5	6
	2			7	8	9		

MEDIUM

144

	3	8				2		7
2				4	7		1	
				2	9			6
3	6		2			4		
	2		5		8		9	
		1			4		6	2
7			1	5				
	4		7	8				9
8		3				6	7	

145

	4		7				3	9
		7		2				1
	1	2	9			7		
5		4					6	8
			5	4	9			
9	7					1		4
		8			1	5	2	
4				3		8		
2	3				6		1	

146

	5				2	9		
2						8	1	6
	7		6	8	3			
4	2		3					9
		5		4		3		
8					9		6	1
			1	2	6		9	
7	1	2						5
		6	8				4	

147

	8	1					5	
	5			4	1			8
			8	3		1		4
1		9			3			2
		2	1		4	7		
3			2			4		1
9		6		5	2			
5			7	6			1	
	2					5	6	

MEDIUM

148

		9		2	6			
2					5	3		9
	3				1	6		2
3	1	5			7			
	6			5			3	
			1			5	6	4
5		1	8				7	
4		2	5					6
			2	1		8		

149

		5	2				7	
1		2	7			3		
	7			3		5		4
	5		8				6	9
9			6		1			7
6	8				5		1	
5		6		9			3	
		8			7	6		5
	4				2	9		

150

3						7	8	2
		6	2	7			3	
5		7	3					
	7			4	9	8		
2	1						4	5
		8	5	6			1	
					3	2		9
	5			2	6	1		
7	8	2						4

151

	7		8		2	4		
	4					5	3	8
1			9	4				
2	5	9		8				
3			5		7			6
				2		8	5	4
				9	4			1
4	2	7					9	
		1	2		3		4	

152

				1	4	7		5
1	9		7				6	
	7		5					1
		1	3	9		5		
8								9
		6		8	1	3		
5					2		3	
	4				9		7	2
7		2	1	6				

153

		3		7			2	
1	8		2				4	
4			9		3			7
	9	1	7					8
		2		8		1		
8					1	5	7	
6			1		9			5
	7				4		1	6
	1			3		4		

154

6			8				5	7
		2			1		3	9
	5	3	2	7				
			4				2	6
		7		8		9		
2	1				5			
				2	9	4	7	
8	2		7			1		
3	7				8			2

155

	8	3		9			7	
			4			9		1
4			5		2		6	
9		8	7					5
	3			1			2	
6					5	7		8
	7		3		8			6
3		2			4			
	4			2		5	3	

156

2			7		3		1	
9	5			1		3		
	3					5	6	
		3			6	2		1
4				9				8
1		6	2			7		
	4	5					7	
		9		8			2	6
	7		4		9			3

157

		5			9		7	1
		4		2			8	
2	7				5		9	
		8	9			6		5
4				5				7
1		7			6	9		
	4		3				6	2
	8			7		1		
7	9		5			8		

MEDIUM

158

					8		2	1
	6		5		2			3
	9	1		4		5		
	1	4	2					9
		7		8		4		
3					4	7	1	
		2		3		1	7	
1			6		5		9	
6	8		4					

159

	2			4	7		8	
8						6		2
	5	9	6					
			2			7	4	3
6				8				1
7	3	2			1			
					2	1	6	
2		1						9
	9		1	5			2	

MEDIUM

160

			6	1	7			3
	4					9		6
6		2	9			7		
		8	1				5	2
	1			8			4	
2	5				4	1		
		4			9	5		1
8		5					3	
7			5	2	3			

161

			3		8		4	5
8		1				7		
	7	3		4				2
	2	4			7		1	
1				6				7
	5		8			4	6	
3				9		6	5	
		7				8		4
4	1		2		6			

162

		6	8	3				1
4						8	7	
	8			2	7			5
9	3		7			4		
		1	9		5	3		
		5			3		1	7
1			3	9			8	
	9	3						6
8				1	2	7		

163

	5				1	7	4	3
		3		6				
2	8				4		1	
		8	6	7			9	4
				9				
9	3			4	8	2		
	9		2				7	5
				3		1		
4	6	5	9				3	

164

		2	3			5	1	
	4		2			3		
1	9		4					8
6			8	4		7		
9								6
		7		6	1			2
3					4		5	1
		5			7		6	
	6	9			3	8		

165

6			7	1	9			
		2	6				3	
		9			3		5	
2	7			9		5		6
9			5		6			1
5		6		4			7	8
	2		8			4		
	9				7	8		
			9	2	5			3

MEDIUM

166

	8	4	9	1		5		
					4	6	8	
		9			6		3	
			5		1		7	6
1				9				2
4	7		3		2			
	6		4			7		
	4	8	1					
		1		8	9	2	4	

167

	4	3				7		1
	1		3	7		6		2
		7	5					4
3				5	9	1		
1								8
		9	6	2				3
5					2	8		
4		8		6	7		1	
7		1				3	6	

168

	3			7	4		1	
	6		1					5
7					6	9		3
	7		8	5				
5	1			9			8	2
				4	1		3	
3		2	9					1
8					3		2	
	9		4	2			6	

169

	5				3	6		
8	4	6	5					1
		3	7				9	4
					2	8	1	7
			3		1			
4	9	1	8					
1	6				5	2		
3					8	4	5	6
		8	6				7	

170

				2	5	4		9
	2			6		3		
9		5	1					2
8	3		5				2	
	5		2		3		7	
	9				1		3	4
5					4	7		3
		4		7			6	
6		9	3	5				

171

6	1		4					2
		7			2	5	1	
2			9	5				3
				7		2	6	
	5		6		9		4	
	6	2		4				
1				8	4			5
	2	4	7			1		
5					6		8	9

172

	1	6		7			2	
3			1					7
		8	3			9		1
4	2		7		9			
	8	7				2	3	
			2		3		8	9
2		4			1	6		
8					2			5
	3			9		8	4	

173

5			8		2	3		
6				3			2	
	8			4		5		1
4		8			6		3	
	6		3		4		9	
	3		2			4		7
9		5		6			8	
	2			5				4
		7	4		8			9

174

7		5	4				9	
	4		2		8			5
		2		9		8		
5	9	1					2	
			5	2	7			
	7					3	5	6
		8		4		1		
4			7		6		8	
	1				3	4		2

175

8	1		9					
					3	7	1	
		9	2		4			5
		8		9		1	4	
5				3				8
	7	4		2		6		
3			1		2	4		
	5	7	3					
					8		3	6

MEDIUM

176

		6	8		1	9		
5	2					8		
	9		6	4				1
3			7			5		4
	7			3			8	
6		9			5			3
8				2	4		9	
		7					3	5
		4	5		3	1		

177

	9	8			3			6
	3		4	8				2
	7		6			3		1
	8			9		5		
		1	8		2	6		
		7		3			2	
7		9			5		3	
8				2	4		6	
4			9			2	1	

MEDIUM

178

		9	8			4		1
8			9	1			3	
1				2		6		
		8	2		1		7	
2	4						8	6
	7		6		9	1		
		5		6				4
	8			7	3			9
4		7			2	8		

179

			7	4	5		
3		7					8	1
2			8		3			7
		1		3	8		6	
	6	9				7	2	
	3		2	9		8		
6			4		7			9
5	1					2		6
		2	1	6				

MEDIUM

180

		6	1		7		3	
			4			9		8
2		5		3			1	
	5				9		2	1
1				2				6
4	3		7				8	
	2			1		8		3
5		8			3			
	1		5		4	6		

181

		9					6	3
				4	3	8		
	4	3		6	8			
3		4	8				5	
1			7		6			8
	7				5	3		2
			2	5		7	8	
		5	6	8				
7	6					2		

MEDIUM

182

	1	5			9			
8				4	2	3		
	6		5			1	4	
7	5	4			3			
6				7				5
			4			9	3	7
	7	3			4		8	
		1	2	3				4
			7			2	9	

183

	3			9	7		5	
1			5		6	9		
9		4				7		1
7	2				4	5		
				1				
		3	7				8	9
4		9				6		2
		5	4		1			8
	1		6	2			7	

MEDIUM

184

		3		6				9
	5		3		2		8	
9		8				6	2	
1	9				7			6
		7		5		8		
2			6				9	7
	3	6				4		8
	7		5		4		6	
4				8		2		

185

		2			7	1		
7	1				5		3	
4					9		7	5
	3		4			8		7
				9				
8		9			3		6	
6	4		9					3
	5		2				8	6
		7	3			5		

186

6			2		5		3	
	5	2	7					8
		4			8			
	4			2		8	9	
3				1				6
	2	1		6			4	
			9			5		
2					6	9	1	
	7		1		3			2

187

4		5			6			9
	6		5				8	
		7			1	6		4
				3		1	6	
5			6		4			2
	2	8		9				
7		2	9			5		
	4				2		9	
1			4			7		3

188

5			8		2			
	9				3			2
	4					1	3	7
6		4			5		1	
		2		7		3		
	5		2			6		4
7	8	3					9	
4			3				6	
			4		7			3

189

			2	9	6			8
6	8	2						
	5			8			6	
3			4		9	2		
	1						5	
		4	7		8			3
	3			2			9	
						1	3	4
9			3	4	1			

190

			2	8	5			4
6	4	5						
	2				6		3	9
			1	4			2	5
		1				3		
3	7			9	8			
1	3		8				5	
						9	8	3
5			9	3	4			

191

		9			4			
1			3	8			4	
7		4				5	6	
5		7		2			3	
	4		1		6		8	
	8			3		4		2
	6	2				3		4
	1			6	3			7
			5			9		

MEDIUM

192

	3	7		9				
	2				8		4	9
8				1		6		2
		8			3		6	
		2	9		6	8		
	5		7			1		
4		9		6				1
2	6		8				9	
				7		4	5	

198

193

		1	4	3			5	
	5				8			6
		3		9			2	
1		2			5	6		
8			1		4			9
		6	3			1		5
	7			4		5		
5			8				6	
	6			5	9	3		

194

5		1	2			6		
				6	3	5		1
7		4	9					
1	8						6	
			8	5	6			
	7						4	9
					8	4		3
8		3	5	7				
		6			1	9		7

195

	6	2	5				3	
		7	2	3		6		
								7
	5	4		6				1
	1		3		7		5	
8				1		4	7	
4								
		6		2	4	8		
	7				9	5	4	

196

7	9				8			
2			4	9		3		
			3			2	6	
3				1		9	2	
9			5		4			6
	6	7		2				3
	7	1			6			
		4		5	2			7
			7				4	5

197

	5						2	1
3			6	1		5		
6			9		4	8		
		3	7				6	
		9		4		3		
	8				9	2		
		2	1		7			6
		6		2	8			9
5	9						8	

198

3					5	1		
		5	9	2			8	
		2	6				3	9
7	4				9			
		1		7		8		
			1				6	7
5	8				7	9		
	1			9	6	2		
		3	8					1

199

4					8			1
	5			3			9	4
		7			1	6		
7	1	3	8					
	6			7			8	
					5	7	1	3
		6	4			2		
9	4			8			5	
5			7					6

MEDIUM

200

				8	2		5	
		1	6		9			2
	2					1		7
7		3	2				1	
		9		1		5		
	8				5	6		9
2		5					4	
8			4		1	9		
	3		8	5				

201

9		2		6	7			
			8		5		4	
	8	4				9	5	
5		3					9	
			3	5	9			
	6					8		5
	3	7				1	8	
	4		9		1			
			2	3		4		7

202

5		7			9	8		
			1		4			5
4	1						7	
	3	2			6		9	
6				2				8
	4		7			6	2	
	6						5	9
3			9		8			
		5	4			1		7

203

		9	4	2			6	
	5				9			4
4		8	7					3
	7		8					1
		3		6		9		
8					5		4	
6					3	4		7
1			2				5	
	2			8	7	3		

204

	8				4	1		
	1		9	3				5
3			8			9		4
	7			6	5			
5		2				3		1
			1	2			5	
2		7			8			3
9				4	1		6	
		1	5				8	

205

5		7			9		8	
1				5		4	7	
	4		6					5
		5	9			7	6	
				2				
	6	8			7	5		
9					2		3	
	3	2		4				7
	8		1			2		6

206

	7	4			8			2
			6				7	
8				9				
	8			5		7		6
3			9		1			8
7		2		3			5	
				8				5
	1				9			
9			1			3	6	

207

9			1					7
							3	8
	5	8	3				2	
	2	9	8					4
		5		2		1		
8					9	2	7	
	6				8	9	4	
5		1						
3					6			5

208

	3	9			7	2		
2			6		3			5
				2			8	
	8				6		4	2
				1				
5	6		2				3	
	4			7				
3			5		4			6
		5	1			4	7	

209

	2		3			9		
					7	5	8	3
		5		8	4			
4					1		2	
		6		5		4		
	1		4					6
			1	4		2		
3	9	1	8					
		2			6		1	

210

7	9				3			8
		3						7
	1			7			9	
9		8	5			7		
		4		8		5		
		5			9	6		4
	6			4			7	
2						8		
4			6				3	1

211

9	8		6					2
				9		8		6
		2	5				9	
				1	5	3		
8		4				9		1
		1	4	2				
	3				4	6		
4		5		7				
7					6		1	3

212

					8	1	3	
3	5							
8	1				7			4
		7			5	2	6	
2				6				9
	6	8	2			4		
4			1				7	2
							8	5
	7	9	5					

213

5	7		8					4
		6	7	3		2		
		3	9				5	
1								8
			1	4	6			
6								3
	6				7	8		
		1		2	8	5		
9					1		4	7

HARD

214

	3		5				4	
1		2	4				3	
				3	2			6
7				6	9	4		
		3				8		
		1	3	2				5
3			2	9				
	8				3	6		4
	7				8		9	

215

	5	1			9		3	
8							1	
3					1	2		
1				4			2	3
		4	6		2	7		
7	2		3					6
		3	5					9
	9							2
	8		9			1	5	

216

			3		5		2	
3	7						8	
		5	9			6		
7	4					1		6
			7	4	1			
9		1					4	8
		3			7	9		
	9						7	1
	8		4		6			

217

	7	3				8	9	
			1		9			5
9			3			2		
	4					1		
			7	2	6			
		2					7	
		5			3			8
7			8		2			
	1	4				3	5	

218

			8	7		3	9	
8					2			7
		2		3			4	
3			5			4		
	7		4		1		3	
		4			6			9
	2			1		5		
9			2					8
	8	1		5	3			

219

	2	7				9		3
		9	8		3			
	6			2			1	
8						1	3	
			4	1	7			
	9	1						2
	8			3			4	
			9		4	3		
9		4				6	5	

220

	3	7		8	2			
	8				4			1
			3			8	2	
		3	5	4		9		
	9						8	
		4		1	9	5		
	4	9			7			
2			8				6	
			4	6		2	9	

221

6							9	
			5	1		7		
		5	7		9			4
5		3	9					1
		1		2		4		
2					5	8		3
1			3		8	6		
		6		5	1			
	9							2

222

	1				7	4		
			3				8	1
		9			2			7
4				2		5	6	
	9			3			2	
	2	5		4				3
5			2			8		
9	6				5			
		2	4				5	

223

7								1
		4			1	8	5	
	6		9	5				
			5	2		7	6	
	2	9				4	3	
	4	7		3	9			
				1	5		9	
	1	5	3			6		
8								4

224

					4	5		
	2			5	6		7	
		9			1	3		6
6					9			8
7				8				3
8			2					9
9		7	6			2		
	4		5	9			3	
		6	4					

225

3	8	5	2					
			6			2	1	
2					5	9		
			9	4				3
		9				6		
8				6	7			
		3	5					1
	2	4			6			
					9	4	2	7

226

	1	3	8				9	
		7		9		8	6	
		9	6					4
			7				8	9
				3				
4	9				5			
9					8	6		
	6	2		4		1		
	5				3	9	2	

227

	6		7	9		5		
		8		3		4		
			1				9	
4			2				6	9
		9	6		3	7		
6	5				1			4
	3				7			
		6		2		1		
		7		5	6		2	

228

	9							
3	7				4	9		
			9		5	8	1	
5		9	6	3				
6								9
				1	9	6		7
	4	6	7		3			
		3	2				4	5
							9	

229

	3		4			6	9	
6			1					
	1			8			3	
1		6		2		8		
		5	7		9	3		
		3		5		7		2
	5			4			2	
					7			3
	4	2			3		8	

230

		1	4			7		
	4							6
7	2				3	9		
			6			1	7	
	7		8		5		4	
	8	3			9			
		9	1				6	7
2							8	
		7			6	5		

231

	7			5			4	2
5			7					
			1			7	3	
	5			1	8		2	
6		8				4		1
	2		4	6		9		
	8	4			7			
					1			4
9	1			2			8	

232

	6	8	9	2				
	2		3			8		1
		5						6
1			8		5			
5	7						8	9
			7		4			5
7						5		
2		9			7		1	
			4	9	6	7		

233

9	8	3				7		
			8	3				
1			9			4		8
4	6				5		7	
				7				
	5		4				2	9
6		4			3			2
				6	8			
		1				6	5	7

234

3	7							
		8	1		3		6	
	6			5			7	4
9		5			6			
		6		3		2		
			9			4		6
6	1			9			4	
	3		2		4	1		
							2	5

235

	1		7		8	2		
	2							1
			2				3	9
	8			3		9		4
		1		6		7		
4		7		8			1	
9	7				1			
5							8	
		6	8		3		9	

236

		7	2			3	5	
	5			3			7	
3			9	7				4
2		4	7		3			
			6		8	9		3
8				6	2			1
	1			8			3	
	4	2			9	6		

237

4		8	9			1		
	2		8			3		
	3				6		8	
9	8				2			5
				8				
5			3				2	8
	5		7				9	
		1			8		6	
		6			9	7		1

238

		2			8	9		
	1				4		2	
				2			6	1
	4	5	6					3
7				5				6
9					1	4	5	
8	2			3				
	9		8				1	
		4	9			6		

239

	7	9						
	5		7			4		8
		8		9	4			
2	6				9	7		
	8			1			5	
		1	4				6	3
			9	2		1		
8		7			5		3	
						8	4	

HARD

240

		1	7				8	
3			4		6	5		
7	5						2	
1		5			7	8		
			9					
		6	8			7		4
	1						3	7
		3	5		9			1
	4				3	9		

241

			7		5	6		
	2			8			9	5
		5					4	
7	3				2	5		
		9		1		4		
		2	5				3	6
	9					3		
5	1			6			2	
		4	1		8			

HARD

242

	2				3			7
		8	1				2	
5		4		7		1		
	4							1
			3	1	4			
8							7	
		5		6		8		9
	3				8	4		
2			4				5	

243

	1	5					6	
			1			4		
					3		7	1
2		9	3					
6				7				8
				1		7		4
1	5		6					
		4			5			
	6					9	3	

HARD

244

		2			1	6		9
5			8		4			
7							3	
	9	5			8			
		6		4		9		
			2			8	4	
	5							6
			4		6			3
6		1	9			7		

250

245

9		4		7			6	
		6	1		4			
							9	
		3		6	2	7		
6	8						3	9
		2	7	8		6		
	5							
			8		9	5		
	6			4		8		2

246

	4		3			2		
	8	9				7	5	
					1			
6	1		2			3		
9			1		5			2
		8			9		1	4
			8					
	5	7				8	4	
		2			7		3	

247

		1			8	6		7
8		9	1					
	5		7					
7						8		4
			8	5	3			
2		5						1
					5		7	
					7	1		2
6		7	9			4		

248

3			1	7		9		
6					8			
							3	8
	7		9			6	1	
	1			5			7	
	6	3			4		9	
8	3							
			8					4
		5		9	2			7

249

			7			6	4	
8					2	5		
		6		5				9
	6	5			4			
7			6		8			3
			9			4	2	
2				9		3		
		7	5					8
	1	3			6			

250

	5	6	8					9
								6
		3	5	2			1	
			9		4		8	
1	4						9	3
	8		3		2			
	9			4	7	2		
7								
8					5	9	6	

251

3	7	9			1			
			8			4		2
	2		9			1		
				8		5		6
			6		5			
6		5		1				
		6			2		5	
8		3			7			
			1			6	7	4

252

	4	7					6	
				1	8	7		
		6			3			5
	2		8	6			5	
8								9
	5			3	9		2	
4			3			5		
		8	1	5				
	3					9	7	

253

	2			6	9			1
9		8			3	5		
6		4		1		7		
	7		3		8		6	
		9		5		1		4
		2	6			3		8
4			8	9			2	

254

8		7	5			1		
		4	1		7			
	6					7	9	
					9			3
	4			1			7	
7			2					
	2	3					5	
			6		3	9		
		9			4	6		7

255

	5	3					2	7
4	7				5			
				7		9		
		9			6		7	
		6		2		3		
	1		5			2		
		7		8				
			4				6	3
6	3					4	1	

HARD

256

	7				9		2	
2			6			8		7
	8				7	9		
	1			6		5		
				7				
		4		3			9	
		1	2				5	
8		5			3			1
	4		7				6	

257

	9							7
	8	1	9				6	
		7			8	1		
9				8		4		
	2			6			9	
		8		3				1
		9	8			7		
	6				1	3	2	
5							1	

HARD

258

	2		5		9			
4			7	2				
	7					2		9
	9		3					5
	4			8			6	
8					5		4	
6		7					2	
				6	7			1
			4		2		8	

264

259

	8	1	4					
4		6					3	7
					5	8		
		2	3		8			6
	4						2	
6			2		7	3		
		4	5					
9	1					6		2
					3	4	1	

260

	4			7			8	
5		6						
			2	3				4
9		8			1			3
			9		3			
3			6			4		5
2				9	4			
						9		6
	9			6			1	

261

		4				5		
	6			8	7			
		9	3				4	8
1			9	3				
		6				3		
				6	8			1
2	5				1	8		
			8	9			7	
		1				4		

262

		6					1	
	2		9	6				8
					8			2
			6		9	8		5
7								9
9		3	7		4			
5			3					
1				5	7		2	
	7					5		

263

								3
		7	3				5	
		3	4		6	7		
	5		1	3		4		
	4						9	
		9		4	2		8	
		2	7		8	1		
	6				3	5		
3								

HARD

264

				6			5	
	6	8			1	7		
4								9
7	5				6			
		6		2		8		
			7				2	6
9								4
		7	4			2	3	
	3			8				

265

	1					5		
			2					8
5	3				4		9	
9	2				8			
		4		7		9		
			9				3	5
	7		5				2	1
4					6			
		8					5	

266

9	4						2	
		3	7			4		
				1				8
7					8			
		1	3		6	5		
			9					6
8				4				
		7			5	2		
	1						8	9

267

3	9			6			5	
		7				3		8
			3			1		
	7		9					
9			7		5			2
					4		3	
		4			2			
2		9				5		
	8			7			4	6

268

				7		3		
4			8				7	
	9	8			6			
3		9		5				
	7		4		9		1	
				8		7		3
			9			5	2	
	5				8			6
		2		4				

269

	1	6		8				9
7							4	
	8		9			2		
			3		9		6	
		5				9		
	4		1		8			
		1			3		2	
	6							1
9				2		6	7	

270

			7	1				
7		1			9			2
	8					3		
			2	7		1		3
		6				2		
3		4		8	5			
		3					8	
6			4			9		5
				5	7			

271

			6		7	4		3
			2					8
8		6		4				
			5				7	
	8			9			2	
	1				2			
				5		6		2
3					8			
7		4	1		6			

272

		9						
7					4		2	
			9		6	3		7
6		8		3	5			
	4						3	
			2	8		1		6
9		6	5		3			
	2		8					4
						9		

273

			2			9	6	7
	2	7	6	1				
	9							
		4		2				1
			7		3			
7				4		6		
							7	
			8	2	3	4		
3	1	8			5			

274

		1						5
	3		2		8		7	
	2			5				3
5			4	8				
	1						8	
				9	5			2
7				3			1	
	5		8		6		3	
8						4		

275

2			7	5				3
							7	4
		9					5	
	9		4		1			6
	2						4	
7			6		9		3	
	3					2		
1	8							
9				7	2			5

276

			1	2	8		3	
3								
4		1					5	
6		5			1	3		
				8				
		2	7			4		6
	9					2		8
								5
	4		5	9	7			

277

				6				
1	2					6		7
			7			3	9	
		7	5	2				6
2								8
8				3	6	4		
	1	2			5			
7		4					1	3
				7				

278

						4		
	1		4					6
5		6		2				
1		7		6	5			
	5						2	
			3	9		8		5
				8		5		9
9					7		6	
		1						

279

8		1		7				
							4	9
	2				5			6
	7	5		3				
	8		9		2		6	
				8		5	3	
4			5				1	
7	1							
				2		7		8

280

	6	8	7					9
	2			1				7
					3	6		
	9				8			
		7		5		9		
			3				4	
		2	8					
3				4			2	
7					2	3	9	

281

		3			1			6
7						5	1	
8	1			6	5			
			1		6	7	9	
	4						8	
	3	7	8		9			
			6	1			5	2
	6	8						4
3			4			8		

CHALLENGER

282

6			2	7			9	
	3				9			
5			1			7		
4		5	7	8				
	9						7	
				4	3	5		8
		2			4			5
			6				8	
	5			9	7			4

283

6		7			8	1		
			3		7			
2		9		6			7	
5			4				2	
	4			5		3		
	9				2			6
	5			1		2		7
			8		9			
		1	2			9		3

CHALLENGER

284

					9		6	
4					2	1		3
		2	7			8		
	6				8	4		7
	4			5			8	
2		8	9				5	
		5			7	9		
9		3	4					6
	7		8					

285

	3				8	6		9
	2		9	6				7
9								
		5		7	2		9	
		1				7		
	7		4	3		1		
								5
4				8	5		7	
7		2	3				1	

CHALLENGER

286

	1				5			3
7			3					
	4						9	8
8			9	4				
	2	9				3	8	
				8	2			6
4	9						6	
					7			9
5			2				3	

287

	4		3				2	
		1	2			3		
	3			1				9
					9	6	1	2
1				2				5
2	6	4	5					
7				5			8	
		5			4	9		
	1				2		3	

288

				2		7		
		5	3		6	1		
2	8				7	4		
			3	8			2	5
5								4
3	2		5	4				
		2	6				1	7
		6	2		3	5		
		9		1				

289

	1	4						5
			4		3		1	
9				5	2			
3			6			5	4	
		6		4		7		
	4	5			9			8
			9	8				2
	8		3		6			
5						8	6	

CHALLENGER

290

	9		8		2			3
6				5		2		
5	3						8	
		3			5		2	
		5	6		7	9		
	2		1			7		
	4						7	2
		9		3				5
1			2		6		4	

291

		5	8					
3				4	2			8
	8				3		9	6
			9	1			7	
5								1
	1			3	4			
7	4		2				5	
9			4	7				3
					9	1		

292

	2					7	8	
9					6			
	8		5	1				9
5	3		6					
				2				
					4		5	1
6				5	7		1	
		9						6
	1	5					3	

293

		3		1				
7						6		5
2					8		4	
				5	3	7	1	
6								9
	7	1	4	8				
	2		9					4
1		6						7
				4		8		

CHALLENGER

$$\boxed{294}$$

	5				7			
						1		4
1				5	4	9		
					1		2	
		1	7		2	3		
	9		3					
		3	2	7				6
7		8						
			9				4	

295

	9	7			2		3	
5		3						7
					3			9
				3			5	
3			6		1			2
	6			8				
9			5					
7						4		5
	2		8			9	1	

296

			4					5
	6				5		2	1
4		3						
	2				6	5		
5				4				8
		9	1				4	
						2		7
2	1		7				5	
9					8			

297

	1		6			5		
6			9				8	
	7							2
3			1			9		
		1		5		3		
		8			7			6
7							3	
	3				9			4
		2			4		1	

CHALLENGER

298

			7					2
6		1		8			5	
9		7	4					
		6			7	3		
				3				
		5	8			9		
					1	2		7
	1			5		6		3
3					4			

299

							5	4
9	4		3					
				8	7	2		
4	1				9	7		
				5				
		2	1				8	9
		9	5	6				
					8		3	6
1	2							

CHALLENGER

300

3	8					4		
		4		2	3			
	7		4		5			3
				7	4	6		8
5		2	8	3				
1			7		8		9	
			6	9		3		
		6					7	4

301

2					9		3	
		5		2				
	1				8	5	7	
	9				3	2		5
		3		8		6		
7		8	6				1	
	8	6	4				2	
				7		8		
	7		8					3

CHALLENGER

302

	2						3	
	5	6			2	1		
			8	9		6		
2		3					7	6
			6	8	7			
6	7					4		9
		5		4	9			
		7	5			3	6	
	3						4	

308

303

3					4	2	1		
5		1				3		8	
			5				3		
9						5		6	
1				7					2
	6		4						1
		9			7				
	8		9				7		3
		3	8	5					4

304

	4				2			
			8			7		5
	1	6	9				3	
5					1			9
	3			7			8	
2			5					7
	2				9	8	5	
9		1			5			
			6				2	

305

4	6						8	
9				3		2		
		3			4		1	
		1	8					
	2			1			7	
					3	5		
	5		4			7		
		7		5				6
	3						9	5

306

7			6					8
		4			1		3	
				7	4		2	
		6			5	2		9
				8				
5		2	7			1		
	7		5	1				
	1		9			8		
2					3			5

307

	7			6	4	9		
8			7					6	
9			3			1		
	5				7	3		
3				2				5
		8	4				9	
		2			1			4
	8				2			9
		1	6	4			2	

CHALLENGER

308

6				4				
	7				1	4		
		5			3		6	8
4	9		2	7				
		6				5		
			3	9			4	7
3	1		4			2		
		7	1				3	
				8				5

309

	7		6					
5		2					9	
8				1			3	5
	2	5	7	9				
1								7
				2	3	1	5	
2	4			7				8
	1					9		4
					8		7	

CHALLENGER

310

					9	7		1
6			1	8				5
	3							
1		3			5	8		
				2				
		4	9			1		7
							4	
5				4	2			9
4		8	3					

311

8					2		9	
			9		8			
9			6				3	7
		2		8			5	1
	3			6			8	
5	6			1		9		
7	5				6			8
			8		4			
	8		7					9

CHALLENGER

312

				9	8			4
	4	8				9		
							3	6
			1		3		5	
8		1				4		3
	7		5		2			
6	9							
		7				3	6	
4			3	1				

313

						1		3
4	1				5			
		3	1	8				4
6	2	5	7					
	3			1			7	
					3	5	6	8
3				7	9	6		
			3				9	5
2		8						

314

	3			7	9			1
		8				3		7
7					1		4	
	9	2			4			
				1				
			5			8	3	
	5		6					3
9		3				6		
2			3	4			1	

315

	5				8	1		
6		1		2				
	4		6					5
			2	5		8		
	9						1	
		8		9	3			
3					2		9	
				1		5		3
		2	7				4	

316

7							4	
6					1	8		
	2		4				5	
8	5				2			1
			5		3			
3			9				2	6
	3				6		9	
		6	3					5
	1							3

317

	1	5		8		9		
	4				5			6
7					9		4	
5				4	8	3		
	7						5	
		3	5	7				1
	6		3					5
2			8				6	
		7		5		1	2	

CHALLENGER

318

	9				2			
	6	7		3				
	2		1			4		8
	3				9			4
		5	7		1	3		
1			2				5	
2		6			7		3	
				2		1	8	
			3				4	

319

	8				7	9	3	
		2	1	3				7
7			8			5		
		4	5				9	
				2				
	7				8	6		
		8			6			9
9				8	4	1		
	2	3	7				8	

CHALLENGER

320

		5			1		4	8
4	6			2		5		
			9				3	
1				8				
		2	3		6	9		
				4				1
	1				7			
		6		3			9	7
9	7		5			3		

321

		3			8	7		4
			6	4				1
	9						3	
			4				8	5
9				6				7
4	2				1			
	4						7	
6				7	2			
7		2	5			3		

322

	2	5					9	
8			3					
	3		6			4		
	4			9	1	6		
3								1
		1	2	8			5	
		3			8		4	
					4			3
	1					5	7	

323

1		8	7					4
4						8	2	
			4		6			
			9			7	5	
7				5				1
	1	5			2			
			8		3			
	4	6						8
8					5	6		9

324

	9	7			1	2		
	8							7
	6		7			3		
	1		4		9			3
		6				1		
7			1		2		4	
		9			8		3	
5							1	
		1	3			6	7	

SUDOKU SOLUTIONS

1

5	1	6	4	9	8	7	3	2
8	4	7	3	2	6	9	1	5
2	3	9	1	7	5	8	4	6
6	7	5	9	3	1	4	2	8
3	2	4	5	8	7	6	9	1
1	9	8	6	4	2	5	7	3
4	6	2	7	5	3	1	8	9
7	8	1	2	6	9	3	5	4
9	5	3	8	1	4	2	6	7

2

7	4	5	9	1	6	3	8	2
6	3	9	2	8	4	7	1	5
2	8	1	3	7	5	4	9	6
4	9	8	5	3	2	1	6	7
3	1	2	7	6	8	5	4	9
5	6	7	1	4	9	2	3	8
1	2	4	8	9	7	6	5	3
9	7	3	6	5	1	8	2	4
8	5	6	4	2	3	9	7	1

3

2	1	6	8	7	5	3	9	4
4	3	7	6	9	2	1	8	5
9	5	8	3	1	4	6	2	7
6	7	2	1	8	3	4	5	9
5	9	1	2	4	6	8	7	3
8	4	3	9	5	7	2	1	6
7	6	5	4	2	8	9	3	1
1	2	4	5	3	9	7	6	8
3	8	9	7	6	1	5	4	2

4

9	8	1	3	7	2	4	5	6
4	2	6	1	5	9	8	3	7
7	3	5	8	4	6	2	1	9
6	1	8	7	2	5	9	4	3
5	4	2	9	3	1	7	6	8
3	7	9	6	8	4	1	2	5
8	9	4	5	1	3	6	7	2
1	5	7	2	6	8	3	9	4
2	6	3	4	9	7	5	8	1

5

4	5	6	2	1	8	9	3	7
2	1	3	9	5	7	4	6	8
7	8	9	6	4	3	2	1	5
9	7	1	8	6	2	5	4	3
6	2	8	4	3	5	7	9	1
5	3	4	7	9	1	6	8	2
1	6	2	5	8	9	3	7	4
8	4	7	3	2	6	1	5	9
3	9	5	1	7	4	8	2	6

6

5	1	3	9	6	8	7	4	2
6	8	4	1	7	2	9	5	3
7	2	9	3	5	4	1	6	8
4	5	8	7	9	3	2	1	6
1	7	2	6	8	5	4	3	9
3	9	6	4	2	1	5	8	7
8	3	5	2	4	9	6	7	1
2	4	7	8	1	6	3	9	5
9	6	1	5	3	7	8	2	4

7

6	5	1	3	9	7	4	2	8
3	7	9	2	4	8	6	1	5
4	8	2	6	5	1	3	7	9
7	4	8	5	1	3	2	9	6
1	2	6	9	7	4	8	5	3
9	3	5	8	6	2	7	4	1
5	9	7	4	8	6	1	3	2
8	1	3	7	2	9	5	6	4
2	6	4	1	3	5	9	8	7

8

7	3	5	6	1	8	9	4	2
4	9	6	3	2	5	8	1	7
1	8	2	9	4	7	6	5	3
9	5	8	4	7	6	2	3	1
6	1	3	8	5	2	7	9	4
2	7	4	1	3	9	5	6	8
5	6	1	2	8	4	3	7	9
3	2	9	7	6	1	4	8	5
8	4	7	5	9	3	1	2	6

9

9	2	4	5	8	1	6	7	3
7	5	8	6	3	4	2	9	1
3	1	6	9	2	7	8	5	4
6	8	7	3	1	5	4	2	9
1	4	2	8	7	9	3	6	5
5	3	9	2	4	6	1	8	7
4	6	1	7	9	2	5	3	8
8	9	5	1	6	3	7	4	2
2	7	3	4	5	8	9	1	6

10

7	9	8	6	2	4	1	5	3
4	3	6	5	7	1	9	8	2
1	5	2	3	9	8	4	6	7
3	2	9	4	5	6	7	1	8
5	7	1	8	3	9	2	4	6
6	8	4	2	1	7	5	3	9
8	6	5	9	4	2	3	7	1
9	4	7	1	8	3	6	2	5
2	1	3	7	6	5	8	9	4

11

1	2	6	3	5	9	7	4	8
5	8	7	6	1	4	9	3	2
9	3	4	7	8	2	1	5	6
2	9	1	5	4	8	3	6	7
3	7	5	2	6	1	8	9	4
6	4	8	9	3	7	5	2	1
4	6	9	1	7	3	2	8	5
7	5	2	8	9	6	4	1	3
8	1	3	4	2	5	6	7	9

12

6	7	8	9	2	5	3	1	4
1	2	5	4	8	3	6	9	7
9	4	3	6	7	1	5	8	2
5	8	4	7	3	9	2	6	1
3	9	1	2	6	4	8	7	5
2	6	7	5	1	8	9	4	3
7	1	2	3	9	6	4	5	8
4	3	9	8	5	7	1	2	6
8	5	6	1	4	2	7	3	9

13

5	1	4	7	9	2	8	3	6
3	6	7	1	5	8	9	2	4
8	2	9	6	3	4	7	5	1
7	9	2	5	1	3	4	6	8
4	5	8	2	6	7	3	1	9
6	3	1	4	8	9	2	7	5
9	4	5	3	2	1	6	8	7
1	7	3	8	4	6	5	9	2
2	8	6	9	7	5	1	4	3

14

9	4	2	3	7	6	1	8	5
6	5	7	4	1	8	2	3	9
1	8	3	2	5	9	7	4	6
5	1	9	8	2	4	6	7	3
3	2	8	7	6	5	9	1	4
4	7	6	1	9	3	5	2	8
8	9	1	6	3	2	4	5	7
2	6	4	5	8	7	3	9	1
7	3	5	9	4	1	8	6	2

15

8	1	2	5	6	7	4	9	3
6	3	7	2	9	4	8	5	1
5	9	4	8	3	1	2	6	7
7	4	3	9	5	2	1	8	6
9	8	5	3	1	6	7	2	4
1	2	6	7	4	8	5	3	9
4	7	9	6	2	5	3	1	8
3	5	1	4	8	9	6	7	2
2	6	8	1	7	3	9	4	5

16

3	8	5	4	9	2	7	6	1
9	7	4	1	3	6	5	2	8
6	1	2	5	7	8	3	4	9
2	6	3	9	1	4	8	5	7
5	9	7	2	8	3	6	1	4
1	4	8	6	5	7	2	9	3
8	2	6	3	4	1	9	7	5
4	3	9	7	2	5	1	8	6
7	5	1	8	6	9	4	3	2

17

8	3	9	2	7	1	5	4	6
6	1	7	5	8	4	2	9	3
2	5	4	3	9	6	8	1	7
4	8	5	1	6	2	7	3	9
7	6	1	9	5	3	4	8	2
9	2	3	7	4	8	6	5	1
5	9	6	4	1	7	3	2	8
1	7	2	8	3	5	9	6	4
3	4	8	6	2	9	1	7	5

18

8	4	5	9	3	6	7	2	1
7	2	1	5	4	8	9	6	3
6	9	3	2	7	1	8	5	4
5	1	6	7	8	2	3	4	9
2	7	9	4	5	3	1	8	6
4	3	8	1	6	9	5	7	2
3	5	7	6	9	4	2	1	8
1	8	4	3	2	7	6	9	5
9	6	2	8	1	5	4	3	7

19

3	1	2	8	7	6	5	4	9
6	7	4	5	9	2	1	3	8
8	5	9	3	1	4	2	7	6
7	4	3	9	2	5	6	8	1
9	8	1	4	6	3	7	5	2
5	2	6	1	8	7	4	9	3
2	9	7	6	5	8	3	1	4
1	3	5	2	4	9	8	6	7
4	6	8	7	3	1	9	2	5

20

9	5	2	3	1	7	8	6	4
3	1	6	9	4	8	2	7	5
7	8	4	6	2	5	3	1	9
1	6	7	5	3	4	9	2	8
2	3	8	1	9	6	5	4	7
4	9	5	7	8	2	1	3	6
5	4	3	2	6	9	7	8	1
6	2	9	8	7	1	4	5	3
8	7	1	4	5	3	6	9	2

21

8	9	4	5	3	7	1	6	2
2	5	6	1	8	9	4	3	7
7	1	3	6	2	4	9	5	8
3	7	1	9	5	6	2	8	4
5	8	9	7	4	2	6	1	3
6	4	2	8	1	3	5	7	9
1	2	5	4	7	8	3	9	6
4	6	8	3	9	5	7	2	1
9	3	7	2	6	1	8	4	5

22

9	1	3	2	5	8	7	6	4
7	5	4	6	9	3	1	8	2
2	6	8	7	1	4	5	3	9
5	3	7	8	4	1	2	9	6
8	4	9	5	2	6	3	1	7
6	2	1	9	3	7	4	5	8
4	7	5	3	6	9	8	2	1
1	9	2	4	8	5	6	7	3
3	8	6	1	7	2	9	4	5

23

4	8	7	2	6	5	3	9	1
3	9	2	8	7	1	4	6	5
5	1	6	3	4	9	8	7	2
8	3	1	4	9	7	5	2	6
9	2	5	1	8	6	7	4	3
7	6	4	5	3	2	1	8	9
1	5	9	7	2	4	6	3	8
2	4	3	6	1	8	9	5	7
6	7	8	9	5	3	2	1	4

24

6	3	5	1	2	7	8	9	4
8	7	9	6	4	5	1	3	2
4	1	2	8	3	9	6	5	7
3	8	7	9	5	4	2	6	1
9	6	1	2	8	3	4	7	5
5	2	4	7	6	1	3	8	9
2	4	8	5	9	6	7	1	3
7	5	6	3	1	2	9	4	8
1	9	3	4	7	8	5	2	6

25

4	9	8	5	6	1	2	3	7
7	2	5	4	8	3	1	9	6
3	6	1	7	2	9	4	5	8
8	4	6	2	9	7	3	1	5
1	3	2	8	5	6	9	7	4
5	7	9	3	1	4	8	6	2
6	1	7	9	4	8	5	2	3
2	8	3	1	7	5	6	4	9
9	5	4	6	3	2	7	8	1

26

4	9	5	8	2	7	3	6	1
6	3	1	9	4	5	7	2	8
2	8	7	1	6	3	5	9	4
7	6	2	4	5	9	8	1	3
1	4	3	7	8	6	2	5	9
9	5	8	3	1	2	6	4	7
8	1	6	5	7	4	9	3	2
3	2	4	6	9	8	1	7	5
5	7	9	2	3	1	4	8	6

27

7	8	3	6	1	2	9	5	4
2	9	6	4	7	5	1	3	8
4	5	1	8	9	3	7	6	2
5	4	8	2	3	9	6	7	1
9	1	7	5	6	8	4	2	3
3	6	2	7	4	1	8	9	5
6	2	9	1	5	4	3	8	7
8	7	4	3	2	6	5	1	9
1	3	5	9	8	7	2	4	6

28

5	7	8	4	6	3	1	9	2
4	3	6	2	1	9	7	5	8
1	2	9	5	7	8	4	3	6
6	4	7	1	3	2	5	8	9
3	1	5	8	9	6	2	4	7
9	8	2	7	5	4	3	6	1
2	5	4	9	8	7	6	1	3
8	6	1	3	2	5	9	7	4
7	9	3	6	4	1	8	2	5

29

6	3	9	8	1	2	7	5	4
5	1	4	7	9	3	2	6	8
7	8	2	6	4	5	9	3	1
3	2	6	9	7	4	1	8	5
4	5	1	2	3	8	6	7	9
8	9	7	1	5	6	3	4	2
9	6	3	5	8	1	4	2	7
1	4	5	3	2	7	8	9	6
2	7	8	4	6	9	5	1	3

30

8	6	9	3	5	7	4	1	2
1	5	7	4	8	2	3	9	6
3	4	2	6	9	1	7	8	5
4	7	5	9	3	6	1	2	8
9	1	8	2	7	5	6	3	4
2	3	6	8	1	4	5	7	9
5	8	3	1	6	9	2	4	7
6	2	1	7	4	8	9	5	3
7	9	4	5	2	3	8	6	1

31

9	3	4	1	2	8	7	5	6
7	1	6	3	5	4	8	9	2
2	5	8	9	6	7	1	3	4
5	4	7	8	1	2	3	6	9
3	8	2	5	9	6	4	7	1
6	9	1	7	4	3	5	2	8
4	7	9	6	3	1	2	8	5
1	6	3	2	8	5	9	4	7
8	2	5	4	7	9	6	1	3

32

8	4	7	9	2	6	5	1	3
1	6	3	8	5	7	9	4	2
9	2	5	1	4	3	8	7	6
3	8	9	4	6	5	7	2	1
6	7	1	2	3	9	4	5	8
2	5	4	7	1	8	3	6	9
4	3	6	5	8	2	1	9	7
5	9	8	6	7	1	2	3	4
7	1	2	3	9	4	6	8	5

33

1	5	8	3	4	2	7	6	9
9	6	4	8	7	5	1	3	2
3	7	2	1	6	9	4	5	8
8	4	5	9	1	7	6	2	3
7	2	3	4	5	6	8	9	1
6	9	1	2	8	3	5	7	4
2	8	7	6	3	4	9	1	5
4	3	6	5	9	1	2	8	7
5	1	9	7	2	8	3	4	6

34

3	7	1	2	4	6	8	9	5
8	5	4	3	1	9	2	6	7
6	2	9	8	7	5	4	3	1
9	8	7	6	5	4	1	2	3
2	3	5	1	9	8	7	4	6
1	4	6	7	2	3	5	8	9
5	9	3	4	8	1	6	7	2
7	6	8	5	3	2	9	1	4
4	1	2	9	6	7	3	5	8

35

7	6	4	1	5	8	9	2	3
3	9	2	6	7	4	8	5	1
8	5	1	3	2	9	6	4	7
4	3	8	5	6	1	7	9	2
6	7	5	4	9	2	1	3	8
2	1	9	7	8	3	4	6	5
5	2	7	8	4	6	3	1	9
1	8	6	9	3	5	2	7	4
9	4	3	2	1	7	5	8	6

36

1	2	4	3	5	7	9	8	6
7	6	5	1	9	8	4	2	3
3	8	9	4	2	6	5	1	7
6	1	2	7	3	5	8	4	9
9	7	8	2	6	4	3	5	1
4	5	3	9	8	1	7	6	2
8	3	6	5	7	2	1	9	4
5	9	1	6	4	3	2	7	8
2	4	7	8	1	9	6	3	5

37

5	9	3	4	2	6	8	1	7
1	7	6	9	8	3	2	5	4
2	8	4	7	5	1	3	6	9
7	3	2	6	9	4	5	8	1
8	6	9	5	1	2	7	4	3
4	5	1	3	7	8	9	2	6
6	1	5	2	3	9	4	7	8
3	2	8	1	4	7	6	9	5
9	4	7	8	6	5	1	3	2

38

1	6	4	7	8	3	9	5	2
3	8	5	9	2	1	7	4	6
2	9	7	5	4	6	3	1	8
6	3	8	4	1	7	2	9	5
4	7	9	3	5	2	8	6	1
5	2	1	8	6	9	4	3	7
7	4	2	6	9	5	1	8	3
8	5	3	1	7	4	6	2	9
9	1	6	2	3	8	5	7	4

39

9	8	5	4	6	3	7	2	1
1	6	2	9	7	8	3	4	5
7	3	4	5	1	2	9	6	8
3	7	6	8	2	5	4	1	9
2	5	9	1	4	6	8	7	3
8	4	1	7	3	9	6	5	2
5	9	7	6	8	1	2	3	4
4	2	8	3	5	7	1	9	6
6	1	3	2	9	4	5	8	7

40

7	5	9	2	4	6	1	3	8
4	1	8	3	9	5	2	7	6
6	2	3	7	8	1	4	9	5
5	9	1	8	6	7	3	2	4
8	7	2	1	3	4	5	6	9
3	6	4	5	2	9	7	8	1
2	8	5	9	1	3	6	4	7
9	4	7	6	5	2	8	1	3
1	3	6	4	7	8	9	5	2

41

1	5	8	6	2	9	4	3	7
7	3	9	4	1	5	6	8	2
6	2	4	7	3	8	5	1	9
8	4	1	3	5	2	9	7	6
2	6	3	9	4	7	1	5	8
5	9	7	1	8	6	3	2	4
4	7	5	2	9	1	8	6	3
3	8	2	5	6	4	7	9	1
9	1	6	8	7	3	2	4	5

42

7	9	5	8	2	4	1	3	6
3	1	6	5	7	9	8	2	4
8	2	4	1	6	3	9	7	5
6	3	1	9	8	7	4	5	2
9	7	2	4	5	1	6	8	3
5	4	8	2	3	6	7	1	9
2	6	3	7	9	8	5	4	1
4	5	7	6	1	2	3	9	8
1	8	9	3	4	5	2	6	7

43

7	1	3	6	4	8	2	5	9
8	5	2	9	7	3	1	4	6
4	9	6	5	2	1	7	8	3
3	6	4	2	8	7	5	9	1
1	2	7	3	9	5	4	6	8
5	8	9	4	1	6	3	2	7
9	7	8	1	5	2	6	3	4
2	3	1	8	6	4	9	7	5
6	4	5	7	3	9	8	1	2

44

9	2	5	1	6	4	7	3	8
4	8	6	5	3	7	1	2	9
3	1	7	8	2	9	4	5	6
1	9	2	7	4	3	6	8	5
6	5	4	2	9	8	3	1	7
7	3	8	6	1	5	2	9	4
5	7	1	4	8	2	9	6	3
2	4	9	3	5	6	8	7	1
8	6	3	9	7	1	5	4	2

45

7	1	5	9	2	8	4	3	6
2	4	9	6	7	3	8	1	5
3	8	6	5	4	1	7	9	2
1	6	4	8	3	5	9	2	7
5	2	3	7	1	9	6	8	4
9	7	8	4	6	2	3	5	1
6	5	2	3	9	4	1	7	8
8	9	7	1	5	6	2	4	3
4	3	1	2	8	7	5	6	9

46

7	4	1	3	9	8	2	6	5
3	9	5	4	2	6	7	8	1
8	6	2	5	1	7	9	3	4
2	8	6	7	5	9	1	4	3
4	5	9	1	3	2	6	7	8
1	7	3	8	6	4	5	2	9
5	2	8	6	4	1	3	9	7
9	3	7	2	8	5	4	1	6
6	1	4	9	7	3	8	5	2

47

2	5	6	1	3	4	8	7	9
8	3	1	7	9	5	4	2	6
9	7	4	6	8	2	5	1	3
6	8	3	5	2	7	9	4	1
4	9	2	3	1	6	7	8	5
5	1	7	9	4	8	3	6	2
3	4	9	2	7	1	6	5	8
7	2	5	8	6	3	1	9	4
1	6	8	4	5	9	2	3	7

48

7	2	4	6	1	3	8	5	9
9	6	3	8	2	5	1	7	4
8	1	5	9	7	4	6	3	2
4	3	6	7	8	1	2	9	5
2	9	1	4	5	6	7	8	3
5	7	8	2	3	9	4	6	1
3	5	2	1	6	7	9	4	8
1	4	7	5	9	8	3	2	6
6	8	9	3	4	2	5	1	7

49

2	5	3	6	4	1	9	8	7
7	1	8	3	5	9	6	4	2
6	4	9	7	8	2	3	5	1
5	9	1	8	2	3	7	6	4
3	7	2	9	6	4	8	1	5
8	6	4	1	7	5	2	9	3
4	2	6	5	9	7	1	3	8
9	3	5	2	1	8	4	7	6
1	8	7	4	3	6	5	2	9

50

5	6	7	9	4	8	3	1	2
8	9	1	3	2	5	6	4	7
3	4	2	7	1	6	8	9	5
7	2	3	5	8	1	9	6	4
1	8	4	6	9	7	5	2	3
9	5	6	4	3	2	1	7	8
2	1	5	8	7	9	4	3	6
6	3	9	2	5	4	7	8	1
4	7	8	1	6	3	2	5	9

51

2	8	1	4	7	6	9	5	3
3	9	5	8	2	1	7	6	4
6	7	4	9	5	3	2	1	8
5	4	8	2	6	9	1	3	7
7	3	2	5	1	8	6	4	9
1	6	9	7	3	4	5	8	2
9	1	6	3	4	2	8	7	5
8	5	3	1	9	7	4	2	6
4	2	7	6	8	5	3	9	1

52

4	3	7	6	2	1	5	8	9
2	5	6	9	4	8	3	1	7
9	8	1	3	7	5	6	4	2
3	1	9	2	8	4	7	5	6
8	6	5	1	3	7	2	9	4
7	4	2	5	6	9	8	3	1
5	2	3	4	9	6	1	7	8
6	9	8	7	1	3	4	2	5
1	7	4	8	5	2	9	6	3

53

9	7	2	5	4	6	3	8	1
8	3	5	7	1	2	6	4	9
1	4	6	8	9	3	2	7	5
2	8	7	3	6	9	1	5	4
6	9	1	4	2	5	7	3	8
4	5	3	1	8	7	9	2	6
7	1	4	9	3	8	5	6	2
3	6	9	2	5	4	8	1	7
5	2	8	6	7	1	4	9	3

54

8	6	2	1	7	9	4	5	3
9	7	3	2	4	5	1	6	8
5	1	4	3	6	8	7	9	2
1	4	7	9	2	6	3	8	5
6	2	8	7	5	3	9	1	4
3	5	9	4	8	1	6	2	7
7	8	5	6	1	4	2	3	9
4	9	6	8	3	2	5	7	1
2	3	1	5	9	7	8	4	6

55

3	5	9	4	7	2	8	1	6
1	6	7	3	9	8	5	2	4
8	4	2	6	1	5	7	3	9
4	2	5	7	6	9	3	8	1
6	7	1	2	8	3	4	9	5
9	3	8	1	5	4	6	7	2
5	1	6	8	2	7	9	4	3
2	8	3	9	4	6	1	5	7
7	9	4	5	3	1	2	6	8

56

8	2	3	1	4	6	5	9	7
4	9	6	8	5	7	3	1	2
5	1	7	2	3	9	8	4	6
3	6	5	7	1	8	4	2	9
7	4	2	9	6	5	1	8	3
1	8	9	4	2	3	7	6	5
6	7	4	5	8	2	9	3	1
9	3	8	6	7	1	2	5	4
2	5	1	3	9	4	6	7	8

57

7	5	1	9	2	8	6	4	3
2	8	4	6	5	3	1	7	9
6	9	3	7	4	1	2	8	5
5	7	2	1	3	6	4	9	8
3	1	6	4	8	9	7	5	2
9	4	8	2	7	5	3	1	6
4	6	7	5	9	2	8	3	1
8	2	9	3	1	7	5	6	4
1	3	5	8	6	4	9	2	7

58

6	9	2	7	3	8	1	5	4
5	3	7	4	2	1	9	6	8
1	4	8	6	9	5	7	2	3
9	8	4	5	1	2	3	7	6
7	2	5	3	6	4	8	1	9
3	1	6	8	7	9	5	4	2
4	6	3	9	5	7	2	8	1
8	7	1	2	4	3	6	9	5
2	5	9	1	8	6	4	3	7

59

7	8	4	5	6	9	2	1	3
3	9	6	2	1	8	7	4	5
2	5	1	3	7	4	6	9	8
1	2	5	8	3	7	9	6	4
6	3	9	1	4	5	8	2	7
8	4	7	6	9	2	5	3	1
9	7	2	4	5	3	1	8	6
4	1	8	7	2	6	3	5	9
5	6	3	9	8	1	4	7	2

60

8	1	6	9	3	5	7	4	2
5	7	3	6	2	4	9	1	8
2	4	9	8	1	7	3	5	6
6	2	1	7	9	8	5	3	4
7	9	5	4	6	3	8	2	1
4	3	8	2	5	1	6	9	7
9	5	7	1	8	2	4	6	3
3	8	2	5	4	6	1	7	9
1	6	4	3	7	9	2	8	5

61

3	4	1	2	5	7	6	9	8
8	2	7	6	1	9	4	3	5
6	9	5	4	8	3	7	1	2
1	5	3	8	2	6	9	7	4
9	8	4	1	7	5	2	6	3
7	6	2	3	9	4	5	8	1
4	7	6	5	3	8	1	2	9
2	3	9	7	4	1	8	5	6
5	1	8	9	6	2	3	4	7

62

9	6	7	4	2	5	1	3	8
5	1	3	8	7	6	2	9	4
4	2	8	3	1	9	6	7	5
7	5	4	1	9	8	3	2	6
3	9	1	6	4	2	5	8	7
2	8	6	7	5	3	9	4	1
1	4	2	9	6	7	8	5	3
6	3	9	5	8	4	7	1	2
8	7	5	2	3	1	4	6	9

63

8	4	5	2	3	9	6	1	7
9	6	1	7	5	4	8	3	2
2	3	7	6	1	8	5	4	9
5	2	6	9	8	3	1	7	4
3	7	9	1	4	6	2	5	8
1	8	4	5	2	7	3	9	6
6	5	2	4	9	1	7	8	3
4	1	8	3	7	2	9	6	5
7	9	3	8	6	5	4	2	1

64

5	2	8	1	4	3	7	6	9
3	4	6	9	8	7	5	2	1
7	1	9	2	6	5	4	8	3
2	7	5	8	1	9	6	3	4
1	8	4	3	2	6	9	5	7
6	9	3	5	7	4	8	1	2
9	3	7	6	5	2	1	4	8
8	5	2	4	9	1	3	7	6
4	6	1	7	3	8	2	9	5

65

8	4	3	2	6	5	1	9	7
1	6	7	3	4	9	5	2	8
5	9	2	7	1	8	6	3	4
6	7	4	1	8	3	9	5	2
3	2	8	9	5	7	4	1	6
9	1	5	6	2	4	8	7	3
4	8	9	5	3	2	7	6	1
7	3	1	4	9	6	2	8	5
2	5	6	8	7	1	3	4	9

66

4	9	2	5	8	6	3	7	1
6	7	3	2	9	1	4	5	8
1	5	8	4	3	7	9	2	6
3	6	9	7	2	8	5	1	4
8	2	7	1	4	5	6	9	3
5	4	1	3	6	9	7	8	2
9	3	5	6	1	2	8	4	7
7	1	6	8	5	4	2	3	9
2	8	4	9	7	3	1	6	5

67

6	9	4	7	5	2	3	1	8
5	8	2	3	1	4	7	6	9
1	7	3	9	8	6	2	4	5
9	6	5	2	7	8	4	3	1
3	4	7	5	6	1	9	8	2
8	2	1	4	3	9	5	7	6
2	5	8	1	4	3	6	9	7
7	3	6	8	9	5	1	2	4
4	1	9	6	2	7	8	5	3

68

5	9	7	8	3	6	1	2	4
4	6	8	7	2	1	9	3	5
2	1	3	5	9	4	8	7	6
6	3	9	1	7	8	5	4	2
1	5	4	2	6	3	7	8	9
8	7	2	4	5	9	3	6	1
9	4	1	3	8	2	6	5	7
3	2	5	6	1	7	4	9	8
7	8	6	9	4	5	2	1	3

69

8	9	1	3	7	5	4	6	2
2	5	4	6	9	1	8	7	3
6	3	7	4	8	2	1	5	9
3	6	2	8	5	4	7	9	1
4	7	8	9	1	3	6	2	5
5	1	9	2	6	7	3	4	8
7	2	3	1	4	9	5	8	6
1	8	5	7	2	6	9	3	4
9	4	6	5	3	8	2	1	7

70

8	1	9	4	2	5	6	7	3
3	4	5	6	8	7	9	2	1
7	2	6	9	3	1	4	8	5
4	6	1	7	9	8	3	5	2
2	9	3	5	1	6	8	4	7
5	7	8	2	4	3	1	6	9
1	5	4	3	6	2	7	9	8
9	8	7	1	5	4	2	3	6
6	3	2	8	7	9	5	1	4

71

9	5	2	6	4	3	7	1	8
4	7	1	9	8	2	6	3	5
6	8	3	1	7	5	2	4	9
2	4	6	5	3	7	8	9	1
5	3	9	2	1	8	4	7	6
8	1	7	4	9	6	3	5	2
3	6	8	7	5	1	9	2	4
7	9	5	8	2	4	1	6	3
1	2	4	3	6	9	5	8	7

72

2	8	3	9	5	4	6	1	7
5	4	7	1	8	6	2	9	3
1	9	6	7	3	2	4	8	5
4	1	2	8	6	5	3	7	9
8	3	5	4	7	9	1	6	2
7	6	9	2	1	3	8	5	4
6	2	1	5	4	7	9	3	8
3	7	4	6	9	8	5	2	1
9	5	8	3	2	1	7	4	6

73

5	8	7	6	3	2	9	1	4
2	1	3	9	4	5	7	8	6
9	4	6	8	1	7	3	2	5
7	9	8	3	5	4	2	6	1
6	5	2	1	9	8	4	3	7
4	3	1	7	2	6	5	9	8
1	2	5	4	8	3	6	7	9
3	6	9	5	7	1	8	4	2
8	7	4	2	6	9	1	5	3

74

2	7	5	8	6	3	9	4	1
8	6	1	7	4	9	5	2	3
9	3	4	2	1	5	6	8	7
5	4	3	6	9	7	8	1	2
1	2	6	4	5	8	7	3	9
7	9	8	1	3	2	4	6	5
4	8	7	5	2	1	3	9	6
6	1	9	3	7	4	2	5	8
3	5	2	9	8	6	1	7	4

75

8	2	1	4	6	5	9	3	7
4	9	5	7	3	2	6	8	1
3	6	7	9	1	8	2	5	4
9	3	2	8	5	7	4	1	6
5	1	4	3	2	6	7	9	8
6	7	8	1	4	9	3	2	5
1	4	6	2	8	3	5	7	9
7	5	3	6	9	1	8	4	2
2	8	9	5	7	4	1	6	3

76

1	8	2	7	3	9	5	4	6
4	3	6	1	8	5	2	7	9
7	9	5	4	6	2	3	8	1
2	6	1	3	7	4	9	5	8
5	4	8	2	9	6	1	3	7
9	7	3	8	5	1	4	6	2
6	2	4	5	1	8	7	9	3
3	1	9	6	4	7	8	2	5
8	5	7	9	2	3	6	1	4

77

6	9	2	1	8	3	4	7	5
7	1	5	4	2	6	8	3	9
4	8	3	5	9	7	2	1	6
2	3	1	9	7	8	5	6	4
8	5	7	6	3	4	9	2	1
9	6	4	2	1	5	3	8	7
1	4	6	8	5	2	7	9	3
5	7	8	3	6	9	1	4	2
3	2	9	7	4	1	6	5	8

78

2	4	3	8	5	9	6	7	1
9	5	1	7	4	6	2	8	3
7	8	6	3	2	1	9	4	5
6	1	9	2	7	3	8	5	4
4	3	8	6	9	5	7	1	2
5	7	2	1	8	4	3	6	9
3	2	7	4	1	8	5	9	6
1	6	5	9	3	7	4	2	8
8	9	4	5	6	2	1	3	7

79

3	7	6	9	8	4	2	1	5
9	1	5	3	7	2	8	4	6
4	2	8	1	6	5	7	9	3
1	8	9	7	2	3	5	6	4
5	6	7	4	9	8	1	3	2
2	3	4	6	5	1	9	8	7
8	4	2	5	1	6	3	7	9
6	9	1	2	3	7	4	5	8
7	5	3	8	4	9	6	2	1

80

6	1	8	2	5	3	7	4	9
5	3	2	4	7	9	6	1	8
7	4	9	1	6	8	2	5	3
1	8	6	5	3	4	9	7	2
2	5	7	9	8	6	1	3	4
3	9	4	7	2	1	8	6	5
8	2	5	3	1	7	4	9	6
9	7	3	6	4	2	5	8	1
4	6	1	8	9	5	3	2	7

81

3	2	8	5	1	9	7	4	6
7	1	5	4	3	6	2	8	9
9	4	6	7	2	8	3	1	5
6	9	4	2	8	3	1	5	7
5	7	2	1	9	4	6	3	8
1	8	3	6	7	5	9	2	4
8	6	7	3	5	2	4	9	1
2	5	1	9	4	7	8	6	3
4	3	9	8	6	1	5	7	2

82

7	1	5	4	9	2	3	6	8
6	4	2	8	5	3	9	7	1
8	3	9	6	7	1	5	4	2
4	8	3	1	6	7	2	9	5
2	7	6	9	8	5	1	3	4
9	5	1	2	3	4	6	8	7
1	2	7	3	4	9	8	5	6
3	6	4	5	1	8	7	2	9
5	9	8	7	2	6	4	1	3

83

5	1	2	3	8	6	4	7	9
8	4	6	9	5	7	3	2	1
7	3	9	4	1	2	6	5	8
9	5	8	7	2	4	1	6	3
1	2	3	8	6	9	7	4	5
6	7	4	1	3	5	8	9	2
3	6	7	5	9	1	2	8	4
2	9	1	6	4	8	5	3	7
4	8	5	2	7	3	9	1	6

84

5	2	6	7	3	4	9	8	1
3	9	7	8	1	2	4	5	6
4	8	1	5	9	6	3	7	2
9	3	8	2	5	7	1	6	4
6	4	2	1	8	9	5	3	7
1	7	5	4	6	3	8	2	9
8	6	4	9	7	5	2	1	3
7	5	9	3	2	1	6	4	8
2	1	3	6	4	8	7	9	5

85

5	4	1	9	2	8	6	7	3
3	6	9	7	5	4	1	8	2
7	2	8	6	3	1	5	9	4
1	9	6	2	8	5	3	4	7
8	7	3	4	1	9	2	5	6
4	5	2	3	6	7	9	1	8
2	8	4	1	9	6	7	3	5
9	3	5	8	7	2	4	6	1
6	1	7	5	4	3	8	2	9

86

9	8	2	4	7	5	6	1	3
7	4	1	2	6	3	5	8	9
3	6	5	8	9	1	7	2	4
4	7	9	6	1	8	2	3	5
5	3	8	7	2	4	1	9	6
1	2	6	3	5	9	8	4	7
6	1	4	5	3	2	9	7	8
2	5	3	9	8	7	4	6	1
8	9	7	1	4	6	3	5	2

87

7	6	2	4	3	8	9	5	1
8	9	3	5	1	7	2	6	4
4	1	5	6	2	9	3	8	7
9	7	6	3	4	5	1	2	8
2	3	1	8	9	6	7	4	5
5	8	4	2	7	1	6	9	3
3	2	9	1	5	4	8	7	6
6	4	7	9	8	3	5	1	2
1	5	8	7	6	2	4	3	9

88

8	1	2	9	5	7	4	6	3
4	3	5	1	6	2	9	7	8
7	9	6	4	3	8	2	5	1
2	7	1	5	9	4	8	3	6
5	6	9	8	2	3	7	1	4
3	8	4	7	1	6	5	9	2
6	5	3	2	8	9	1	4	7
1	2	7	3	4	5	6	8	9
9	4	8	6	7	1	3	2	5

89

9	8	1	2	3	4	7	6	5
4	3	7	1	6	5	8	9	2
5	2	6	9	7	8	3	1	4
8	9	4	6	5	3	1	2	7
2	7	3	4	9	1	6	5	8
6	1	5	8	2	7	9	4	3
1	4	9	3	8	2	5	7	6
3	5	2	7	1	6	4	8	9
7	6	8	5	4	9	2	3	1

90

6	7	4	1	5	9	2	8	3
9	3	5	4	2	8	7	1	6
2	8	1	6	3	7	9	5	4
7	9	6	5	8	3	4	2	1
4	5	8	2	1	6	3	9	7
3	1	2	9	7	4	5	6	8
8	6	7	3	9	2	1	4	5
1	4	9	7	6	5	8	3	2
5	2	3	8	4	1	6	7	9

91

2	1	5	3	9	8	6	7	4
9	3	7	6	4	5	1	8	2
4	8	6	1	2	7	3	5	9
7	5	9	8	6	3	4	2	1
8	6	3	4	1	2	5	9	7
1	4	2	5	7	9	8	6	3
3	7	4	9	5	6	2	1	8
6	2	8	7	3	1	9	4	5
5	9	1	2	8	4	7	3	6

92

2	3	1	6	5	8	7	4	9
7	9	6	4	2	3	8	5	1
4	8	5	7	9	1	6	3	2
6	1	9	5	3	7	2	8	4
3	2	8	9	4	6	5	1	7
5	7	4	1	8	2	9	6	3
9	6	7	3	1	5	4	2	8
8	5	3	2	7	4	1	9	6
1	4	2	8	6	9	3	7	5

93

9	5	4	3	8	6	1	7	2
3	2	8	1	7	4	5	9	6
1	6	7	5	9	2	3	8	4
7	1	2	6	5	8	9	4	3
8	3	6	2	4	9	7	5	1
4	9	5	7	3	1	2	6	8
5	4	9	8	1	3	6	2	7
6	8	1	9	2	7	4	3	5
2	7	3	4	6	5	8	1	9

94

2	1	8	5	7	6	9	3	4
3	7	5	4	1	9	2	6	8
4	6	9	3	8	2	7	1	5
7	3	4	1	9	5	6	8	2
5	8	1	2	6	4	3	9	7
9	2	6	8	3	7	4	5	1
8	4	2	6	5	3	1	7	9
6	5	7	9	2	1	8	4	3
1	9	3	7	4	8	5	2	6

95

9	1	4	3	5	6	8	2	7
8	5	3	2	7	4	9	1	6
2	6	7	9	1	8	3	5	4
1	3	6	7	8	2	5	4	9
4	9	8	5	3	1	7	6	2
7	2	5	4	6	9	1	8	3
3	7	1	6	2	5	4	9	8
6	8	9	1	4	3	2	7	5
5	4	2	8	9	7	6	3	1

96

6	1	5	7	8	2	3	9	4
8	3	2	5	4	9	6	7	1
4	9	7	3	6	1	2	5	8
7	2	3	1	5	4	8	6	9
9	4	8	2	3	6	5	1	7
5	6	1	8	9	7	4	3	2
2	5	6	9	1	8	7	4	3
1	8	4	6	7	3	9	2	5
3	7	9	4	2	5	1	8	6

97

7	6	8	3	1	4	2	5	9
9	3	2	5	8	6	4	7	1
4	5	1	9	2	7	8	3	6
6	2	7	1	4	8	5	9	3
3	8	5	6	7	9	1	2	4
1	9	4	2	3	5	6	8	7
8	7	6	4	5	3	9	1	2
2	4	3	8	9	1	7	6	5
5	1	9	7	6	2	3	4	8

98

9	4	3	6	7	5	8	1	2
2	6	7	9	8	1	4	5	3
8	5	1	2	3	4	6	7	9
3	1	5	8	4	2	9	6	7
4	8	6	1	9	7	3	2	5
7	2	9	3	5	6	1	4	8
5	9	4	7	1	3	2	8	6
1	3	2	5	6	8	7	9	4
6	7	8	4	2	9	5	3	1

99

4	2	8	6	9	7	5	1	3
9	7	1	4	5	3	2	8	6
3	6	5	8	1	2	7	4	9
1	8	3	9	2	5	6	7	4
5	9	7	3	4	6	1	2	8
6	4	2	7	8	1	9	3	5
7	3	9	1	6	4	8	5	2
8	5	4	2	7	9	3	6	1
2	1	6	5	3	8	4	9	7

100

8	9	2	3	1	7	5	4	6
3	1	6	5	8	4	7	2	9
7	5	4	9	6	2	8	3	1
6	4	9	2	7	8	1	5	3
2	8	5	4	3	1	6	9	7
1	7	3	6	5	9	2	8	4
4	6	8	7	2	3	9	1	5
9	2	7	1	4	5	3	6	8
5	3	1	8	9	6	4	7	2

101

8	5	2	9	1	7	4	3	6
3	4	7	8	2	6	9	1	5
6	1	9	3	5	4	8	2	7
1	3	4	2	7	8	6	5	9
9	7	6	5	3	1	2	8	4
2	8	5	4	6	9	1	7	3
7	6	8	1	4	3	5	9	2
5	9	3	6	8	2	7	4	1
4	2	1	7	9	5	3	6	8

102

5	3	8	6	7	9	1	2	4
1	4	9	2	8	5	6	7	3
7	2	6	4	3	1	5	8	9
4	8	3	9	1	6	7	5	2
6	7	1	3	5	2	4	9	8
9	5	2	7	4	8	3	1	6
3	1	4	8	2	7	9	6	5
8	9	7	5	6	4	2	3	1
2	6	5	1	9	3	8	4	7

103

6	2	1	3	8	4	5	9	7
3	5	9	1	7	6	2	4	8
4	8	7	5	9	2	1	3	6
9	7	2	6	4	1	8	5	3
5	4	3	8	2	7	9	6	1
8	1	6	9	3	5	7	2	4
1	9	4	7	5	3	6	8	2
2	6	8	4	1	9	3	7	5
7	3	5	2	6	8	4	1	9

104

6	3	9	2	4	7	8	5	1
4	2	5	1	8	3	7	9	6
8	1	7	9	5	6	3	2	4
7	4	1	8	6	5	9	3	2
3	9	6	7	1	2	4	8	5
5	8	2	4	3	9	1	6	7
9	5	3	6	7	4	2	1	8
2	7	8	5	9	1	6	4	3
1	6	4	3	2	8	5	7	9

105

1	6	7	4	2	9	5	3	8
4	5	3	6	1	8	2	7	9
9	8	2	3	7	5	4	6	1
7	9	5	8	6	1	3	4	2
3	2	6	9	5	4	8	1	7
8	4	1	7	3	2	9	5	6
6	3	8	2	4	7	1	9	5
2	1	4	5	9	6	7	8	3
5	7	9	1	8	3	6	2	4

106

3	1	5	2	8	4	6	9	7
2	9	8	7	6	1	5	4	3
6	7	4	5	9	3	8	1	2
8	5	1	3	2	7	4	6	9
9	6	2	8	4	5	7	3	1
7	4	3	6	1	9	2	5	8
1	3	7	4	5	8	9	2	6
5	8	6	9	3	2	1	7	4
4	2	9	1	7	6	3	8	5

107

9	6	2	5	3	1	4	8	7
8	4	5	7	6	9	1	3	2
3	1	7	2	4	8	5	9	6
4	5	3	9	7	2	6	1	8
1	9	6	8	5	4	7	2	3
2	7	8	6	1	3	9	4	5
6	3	4	1	8	5	2	7	9
7	8	9	4	2	6	3	5	1
5	2	1	3	9	7	8	6	4

108

4	3	5	1	2	6	8	7	9
2	6	7	9	8	4	5	3	1
1	8	9	3	5	7	4	2	6
6	4	3	2	9	8	1	5	7
7	1	8	5	4	3	6	9	2
9	5	2	7	6	1	3	8	4
8	7	1	6	3	2	9	4	5
3	9	6	4	7	5	2	1	8
5	2	4	8	1	9	7	6	3

109

2	4	1	3	7	6	9	5	8
9	7	8	5	1	4	6	2	3
3	6	5	9	8	2	7	4	1
5	3	7	8	4	1	2	9	6
4	2	9	7	6	3	8	1	5
1	8	6	2	5	9	3	7	4
7	1	3	4	2	8	5	6	9
6	9	2	1	3	5	4	8	7
8	5	4	6	9	7	1	3	2

110

9	1	5	3	2	6	8	7	4
6	3	8	7	5	4	2	1	9
7	2	4	1	8	9	3	5	6
1	6	3	2	7	8	4	9	5
4	7	2	5	9	3	6	8	1
8	5	9	4	6	1	7	3	2
2	9	7	8	4	5	1	6	3
3	4	6	9	1	7	5	2	8
5	8	1	6	3	2	9	4	7

111

9	6	3	2	8	7	1	5	4
5	2	8	1	6	4	7	3	9
1	7	4	5	9	3	6	8	2
2	8	9	3	5	1	4	6	7
6	1	7	9	4	8	3	2	5
4	3	5	6	7	2	8	9	1
7	4	6	8	2	5	9	1	3
3	9	2	7	1	6	5	4	8
8	5	1	4	3	9	2	7	6

112

1	3	2	7	5	6	8	9	4
7	9	4	8	3	1	2	6	5
5	8	6	9	4	2	7	1	3
2	6	8	5	9	7	4	3	1
4	5	3	2	1	8	9	7	6
9	1	7	3	6	4	5	2	8
3	4	9	1	7	5	6	8	2
6	2	1	4	8	9	3	5	7
8	7	5	6	2	3	1	4	9

113

9	3	1	8	4	7	6	2	5
6	5	7	3	9	2	8	1	4
4	2	8	6	5	1	7	3	9
8	9	6	2	1	3	5	4	7
3	7	2	4	6	5	1	9	8
5	1	4	7	8	9	3	6	2
7	6	9	1	2	8	4	5	3
1	8	5	9	3	4	2	7	6
2	4	3	5	7	6	9	8	1

114

6	7	2	4	1	5	3	9	8
3	4	5	9	7	8	1	6	2
9	1	8	2	3	6	5	7	4
5	3	9	1	8	4	6	2	7
7	8	6	5	2	3	4	1	9
4	2	1	6	9	7	8	3	5
2	9	4	8	6	1	7	5	3
8	6	7	3	5	2	9	4	1
1	5	3	7	4	9	2	8	6

115

6	3	8	2	9	4	7	5	1
2	1	4	8	5	7	3	6	9
7	5	9	6	3	1	2	8	4
9	7	1	3	6	2	8	4	5
3	4	2	1	8	5	9	7	6
8	6	5	7	4	9	1	2	3
1	8	6	4	2	3	5	9	7
5	2	3	9	7	6	4	1	8
4	9	7	5	1	8	6	3	2

116

8	2	6	1	3	5	7	9	4
5	9	7	4	6	8	1	2	3
3	4	1	7	2	9	5	6	8
6	7	5	9	1	3	4	8	2
1	3	2	8	5	4	9	7	6
9	8	4	6	7	2	3	1	5
4	6	8	5	9	7	2	3	1
7	1	3	2	4	6	8	5	9
2	5	9	3	8	1	6	4	7

117

3	9	7	4	8	1	5	6	2
5	4	1	9	2	6	3	8	7
2	8	6	7	5	3	4	9	1
9	1	2	3	4	8	7	5	6
8	7	5	6	1	9	2	4	3
6	3	4	2	7	5	9	1	8
7	5	8	1	9	2	6	3	4
1	2	3	5	6	4	8	7	9
4	6	9	8	3	7	1	2	5

118

4	5	1	3	8	7	9	6	2
2	7	6	1	9	4	3	8	5
8	3	9	5	6	2	7	4	1
1	8	2	9	4	6	5	3	7
3	6	5	2	7	1	4	9	8
9	4	7	8	3	5	2	1	6
5	2	8	4	1	9	6	7	3
6	9	3	7	2	8	1	5	4
7	1	4	6	5	3	8	2	9

119

5	8	7	6	3	4	9	2	1
1	9	6	7	5	2	4	3	8
4	3	2	9	1	8	6	7	5
3	6	1	2	4	7	5	8	9
2	7	8	1	9	5	3	4	6
9	5	4	8	6	3	7	1	2
8	2	5	4	7	9	1	6	3
6	4	9	3	2	1	8	5	7
7	1	3	5	8	6	2	9	4

120

2	3	4	8	9	1	6	7	5
8	1	6	7	5	2	3	4	9
7	5	9	3	4	6	1	2	8
6	7	8	4	1	9	2	5	3
4	9	5	2	3	7	8	1	6
3	2	1	6	8	5	4	9	7
9	4	2	5	6	8	7	3	1
1	6	7	9	2	3	5	8	4
5	8	3	1	7	4	9	6	2

121

5	6	2	3	4	1	8	9	7
9	1	4	7	2	8	5	3	6
8	3	7	9	6	5	4	1	2
2	9	3	1	7	4	6	5	8
4	8	5	6	3	2	1	7	9
6	7	1	8	5	9	2	4	3
1	4	9	2	8	7	3	6	5
7	2	6	5	1	3	9	8	4
3	5	8	4	9	6	7	2	1

122

3	8	5	1	2	7	4	9	6
1	7	6	9	4	8	3	5	2
2	9	4	6	5	3	8	1	7
8	2	7	4	1	9	5	6	3
4	5	3	2	8	6	1	7	9
9	6	1	7	3	5	2	8	4
5	3	9	8	6	2	7	4	1
6	1	8	3	7	4	9	2	5
7	4	2	5	9	1	6	3	8

123

2	7	6	4	9	5	3	8	1
3	1	8	7	6	2	5	9	4
4	5	9	3	8	1	7	6	2
9	6	4	5	1	7	2	3	8
7	3	2	8	4	9	1	5	6
1	8	5	6	2	3	9	4	7
5	4	1	9	7	8	6	2	3
8	9	7	2	3	6	4	1	5
6	2	3	1	5	4	8	7	9

124

6	5	9	2	8	7	4	3	1
8	3	4	6	9	1	7	2	5
1	2	7	3	4	5	8	9	6
4	1	6	8	3	2	9	5	7
3	8	5	1	7	9	2	6	4
9	7	2	4	5	6	1	8	3
2	4	3	7	6	8	5	1	9
5	6	1	9	2	4	3	7	8
7	9	8	5	1	3	6	4	2

125

4	6	9	7	1	2	5	8	3
5	8	7	3	4	9	2	6	1
1	2	3	6	5	8	9	7	4
8	7	5	1	2	3	6	4	9
2	9	4	5	7	6	1	3	8
3	1	6	8	9	4	7	5	2
7	5	2	4	3	1	8	9	6
9	4	8	2	6	5	3	1	7
6	3	1	9	8	7	4	2	5

126

8	5	4	2	9	3	6	7	1
7	9	6	1	8	4	5	2	3
1	2	3	6	7	5	9	8	4
6	1	2	9	3	7	4	5	8
3	7	5	4	6	8	2	1	9
9	4	8	5	1	2	7	3	6
5	6	9	3	2	1	8	4	7
4	8	1	7	5	9	3	6	2
2	3	7	8	4	6	1	9	5

127

4	8	3	9	2	1	7	5	6
5	2	9	3	7	6	8	4	1
1	6	7	4	5	8	9	2	3
8	7	5	6	9	2	3	1	4
3	9	2	5	1	4	6	7	8
6	1	4	7	8	3	5	9	2
9	4	1	8	3	5	2	6	7
2	5	8	1	6	7	4	3	9
7	3	6	2	4	9	1	8	5

128

6	5	3	7	1	8	4	2	9
8	1	2	4	9	6	5	3	7
4	9	7	2	5	3	1	8	6
5	8	9	6	2	7	3	1	4
7	3	1	9	4	5	8	6	2
2	4	6	8	3	1	9	7	5
3	2	8	5	6	9	7	4	1
9	7	4	1	8	2	6	5	3
1	6	5	3	7	4	2	9	8

129

5	6	7	8	9	4	2	1	3
9	1	4	7	2	3	5	6	8
8	3	2	5	6	1	4	9	7
4	5	6	3	1	9	8	7	2
1	2	9	4	7	8	3	5	6
7	8	3	2	5	6	1	4	9
3	9	8	1	4	7	6	2	5
6	4	5	9	3	2	7	8	1
2	7	1	6	8	5	9	3	4

130

2	3	4	7	6	1	8	9	5
6	1	8	2	9	5	3	4	7
7	5	9	8	3	4	6	2	1
5	6	7	1	2	9	4	3	8
4	2	1	3	7	8	5	6	9
8	9	3	5	4	6	1	7	2
3	7	5	6	8	2	9	1	4
9	8	6	4	1	7	2	5	3
1	4	2	9	5	3	7	8	6

131

4	7	9	6	2	1	8	3	5
6	2	1	5	3	8	9	4	7
8	5	3	4	7	9	2	1	6
3	6	2	7	9	5	4	8	1
7	8	5	1	4	2	3	6	9
9	1	4	8	6	3	5	7	2
1	4	8	2	5	7	6	9	3
2	9	6	3	1	4	7	5	8
5	3	7	9	8	6	1	2	4

132

4	9	7	8	6	2	1	3	5
8	6	5	3	1	4	9	7	2
1	2	3	9	7	5	6	8	4
7	1	8	6	2	3	4	5	9
5	4	6	7	8	9	2	1	3
2	3	9	5	4	1	7	6	8
6	7	2	4	5	8	3	9	1
3	8	1	2	9	6	5	4	7
9	5	4	1	3	7	8	2	6

133

3	9	6	7	5	2	1	8	4
7	4	8	9	1	6	3	2	5
2	1	5	4	3	8	7	9	6
9	7	1	3	4	5	8	6	2
5	2	3	6	8	1	4	7	9
8	6	4	2	9	7	5	3	1
1	5	2	8	6	3	9	4	7
6	8	9	1	7	4	2	5	3
4	3	7	5	2	9	6	1	8

134

8	2	4	5	3	6	7	1	9
5	9	6	1	7	8	4	3	2
3	1	7	2	9	4	5	8	6
1	3	2	6	5	9	8	7	4
6	7	5	8	4	1	2	9	3
4	8	9	3	2	7	1	6	5
2	5	1	7	6	3	9	4	8
9	6	8	4	1	2	3	5	7
7	4	3	9	8	5	6	2	1

135

5	6	2	3	8	7	1	9	4
3	1	7	2	4	9	6	5	8
9	4	8	6	1	5	2	3	7
4	7	3	5	6	1	9	8	2
1	8	5	4	9	2	3	7	6
6	2	9	8	7	3	4	1	5
2	5	1	7	3	6	8	4	9
7	9	4	1	2	8	5	6	3
8	3	6	9	5	4	7	2	1

136

7	9	2	3	5	8	1	4	6
1	8	4	2	9	6	3	7	5
5	6	3	4	1	7	2	9	8
6	3	7	9	4	5	8	2	1
9	2	1	8	6	3	7	5	4
4	5	8	7	2	1	6	3	9
3	4	6	1	7	9	5	8	2
8	1	9	5	3	2	4	6	7
2	7	5	6	8	4	9	1	3

137

6	4	8	7	3	5	1	9	2
2	1	3	6	8	9	5	4	7
7	5	9	1	2	4	3	8	6
8	9	1	2	5	6	4	7	3
5	3	7	9	4	8	2	6	1
4	2	6	3	1	7	9	5	8
9	8	2	5	6	3	7	1	4
3	7	4	8	9	1	6	2	5
1	6	5	4	7	2	8	3	9

138

1	3	9	5	2	8	4	6	7
6	5	8	1	4	7	3	9	2
7	2	4	6	9	3	1	8	5
4	6	2	8	7	9	5	3	1
3	8	1	2	6	5	7	4	9
5	9	7	3	1	4	8	2	6
2	4	6	7	3	1	9	5	8
8	7	3	9	5	6	2	1	4
9	1	5	4	8	2	6	7	3

139

2	7	3	4	9	1	6	5	8
5	6	9	8	3	7	2	1	4
1	8	4	2	5	6	3	9	7
6	4	2	1	8	5	7	3	9
7	3	1	6	4	9	8	2	5
8	9	5	3	7	2	1	4	6
9	1	8	7	2	4	5	6	3
3	5	6	9	1	8	4	7	2
4	2	7	5	6	3	9	8	1

140

8	9	2	6	1	7	4	3	5
7	1	3	5	8	4	2	9	6
6	4	5	9	3	2	1	7	8
4	8	7	2	9	3	6	5	1
5	6	9	8	4	1	3	2	7
3	2	1	7	6	5	9	8	4
2	3	6	1	7	8	5	4	9
1	5	8	4	2	9	7	6	3
9	7	4	3	5	6	8	1	2

141

2	4	6	8	3	9	1	5	7
7	8	3	2	1	5	6	9	4
9	5	1	4	7	6	2	3	8
4	7	2	1	5	3	9	8	6
5	3	8	6	9	4	7	1	2
1	6	9	7	8	2	3	4	5
6	1	4	3	2	8	5	7	9
3	2	5	9	4	7	8	6	1
8	9	7	5	6	1	4	2	3

142

5	3	2	1	8	9	4	6	7
8	4	1	6	7	2	5	3	9
6	9	7	3	5	4	1	8	2
2	6	4	7	9	3	8	1	5
7	5	9	8	1	6	2	4	3
3	1	8	4	2	5	9	7	6
4	7	5	2	3	8	6	9	1
9	8	3	5	6	1	7	2	4
1	2	6	9	4	7	3	5	8

143

7	3	9	8	1	6	4	2	5
4	5	6	9	2	7	1	8	3
1	8	2	3	5	4	6	9	7
9	7	5	4	6	1	8	3	2
2	1	8	7	9	3	5	6	4
3	6	4	5	8	2	7	1	9
6	9	1	2	4	5	3	7	8
8	4	7	1	3	9	2	5	6
5	2	3	6	7	8	9	4	1

144

9	3	8	6	1	5	2	4	7
2	5	6	8	4	7	9	1	3
1	7	4	3	2	9	5	8	6
3	6	9	2	7	1	4	5	8
4	2	7	5	6	8	3	9	1
5	8	1	9	3	4	7	6	2
7	9	2	1	5	6	8	3	4
6	4	5	7	8	3	1	2	9
8	1	3	4	9	2	6	7	5

145

6	4	5	7	1	8	2	3	9
8	9	7	3	2	5	6	4	1
3	1	2	9	6	4	7	8	5
5	2	4	1	7	3	9	6	8
1	8	6	5	4	9	3	7	2
9	7	3	6	8	2	1	5	4
7	6	8	4	9	1	5	2	3
4	5	1	2	3	7	8	9	6
2	3	9	8	5	6	4	1	7

146

6	5	8	4	1	2	9	3	7
2	4	3	5	9	7	8	1	6
1	7	9	6	8	3	2	5	4
4	2	1	3	6	8	5	7	9
9	6	5	7	4	1	3	2	8
8	3	7	2	5	9	4	6	1
5	8	4	1	2	6	7	9	3
7	1	2	9	3	4	6	8	5
3	9	6	8	7	5	1	4	2

147

4	8	1	9	2	7	3	5	6
2	5	3	6	4	1	9	7	8
6	9	7	8	3	5	1	2	4
1	4	9	5	7	3	6	8	2
8	6	2	1	9	4	7	3	5
3	7	5	2	8	6	4	9	1
9	1	6	3	5	2	8	4	7
5	3	4	7	6	8	2	1	9
7	2	8	4	1	9	5	6	3

148

1	5	9	3	2	6	4	8	7
2	4	6	7	8	5	3	1	9
7	3	8	4	9	1	6	5	2
3	1	5	6	4	7	9	2	8
8	6	4	9	5	2	7	3	1
9	2	7	1	3	8	5	6	4
5	9	1	8	6	4	2	7	3
4	8	2	5	7	3	1	9	6
6	7	3	2	1	9	8	4	5

149

4	3	5	2	8	9	1	7	6
1	6	2	7	5	4	3	9	8
8	7	9	1	3	6	5	2	4
7	5	1	8	2	3	4	6	9
9	2	3	6	4	1	8	5	7
6	8	4	9	7	5	2	1	3
5	1	6	4	9	8	7	3	2
2	9	8	3	1	7	6	4	5
3	4	7	5	6	2	9	8	1

150

3	4	1	6	9	5	7	8	2
8	9	6	2	7	4	5	3	1
5	2	7	3	1	8	4	9	6
6	7	5	1	4	9	8	2	3
2	1	9	8	3	7	6	4	5
4	3	8	5	6	2	9	1	7
1	6	4	7	8	3	2	5	9
9	5	3	4	2	6	1	7	8
7	8	2	9	5	1	3	6	4

151

6	7	5	8	3	2	4	1	9
9	4	2	6	7	1	5	3	8
1	3	8	9	4	5	7	6	2
2	5	9	4	8	6	1	7	3
3	8	4	5	1	7	9	2	6
7	1	6	3	2	9	8	5	4
5	6	3	7	9	4	2	8	1
4	2	7	1	6	8	3	9	5
8	9	1	2	5	3	6	4	7

152

3	6	8	9	1	4	7	2	5
1	9	5	7	2	8	4	6	3
2	7	4	5	3	6	8	9	1
4	2	1	3	9	7	5	8	6
8	3	7	6	4	5	2	1	9
9	5	6	2	8	1	3	4	7
5	1	9	4	7	2	6	3	8
6	4	3	8	5	9	1	7	2
7	8	2	1	6	3	9	5	4

153

9	5	3	4	7	8	6	2	1
1	8	7	2	6	5	9	4	3
4	2	6	9	1	3	8	5	7
5	9	1	7	4	2	3	6	8
7	3	2	5	8	6	1	9	4
8	6	4	3	9	1	5	7	2
6	4	8	1	2	9	7	3	5
3	7	9	8	5	4	2	1	6
2	1	5	6	3	7	4	8	9

154

6	4	1	8	9	3	2	5	7
7	8	2	5	4	1	6	3	9
9	5	3	2	7	6	8	4	1
5	9	8	4	1	7	3	2	6
4	3	7	6	8	2	9	1	5
2	1	6	9	3	5	7	8	4
1	6	5	3	2	9	4	7	8
8	2	9	7	5	4	1	6	3
3	7	4	1	6	8	5	9	2

155

5	8	3	6	9	1	4	7	2
2	6	7	4	8	3	9	5	1
4	9	1	5	7	2	8	6	3
9	2	8	7	4	6	3	1	5
7	3	5	8	1	9	6	2	4
6	1	4	2	3	5	7	9	8
1	7	9	3	5	8	2	4	6
3	5	2	9	6	4	1	8	7
8	4	6	1	2	7	5	3	9

156

2	6	8	7	5	3	9	1	4
9	5	4	6	1	2	3	8	7
7	3	1	9	4	8	5	6	2
5	9	3	8	7	6	2	4	1
4	2	7	1	9	5	6	3	8
1	8	6	2	3	4	7	9	5
6	4	5	3	2	1	8	7	9
3	1	9	5	8	7	4	2	6
8	7	2	4	6	9	1	5	3

157

8	3	5	6	4	9	2	7	1
9	1	4	7	2	3	5	8	6
2	7	6	1	8	5	4	9	3
3	2	8	9	1	7	6	4	5
4	6	9	8	5	2	3	1	7
1	5	7	4	3	6	9	2	8
5	4	1	3	9	8	7	6	2
6	8	3	2	7	4	1	5	9
7	9	2	5	6	1	8	3	4

158

4	3	5	7	9	8	6	2	1
7	6	8	5	1	2	9	4	3
2	9	1	3	4	6	5	8	7
8	1	4	2	6	7	3	5	9
9	5	7	1	8	3	4	6	2
3	2	6	9	5	4	7	1	8
5	4	2	8	3	9	1	7	6
1	7	3	6	2	5	8	9	4
6	8	9	4	7	1	2	3	5

159

1	2	6	3	4	7	9	8	5
8	7	4	5	1	9	6	3	2
3	5	9	6	2	8	4	1	7
9	1	8	2	6	5	7	4	3
6	4	5	7	8	3	2	9	1
7	3	2	4	9	1	8	5	6
5	8	3	9	7	2	1	6	4
2	6	1	8	3	4	5	7	9
4	9	7	1	5	6	3	2	8

160

5	8	9	6	1	7	4	2	3
1	4	7	3	5	2	9	8	6
6	3	2	9	4	8	7	1	5
4	7	8	1	9	6	3	5	2
9	1	3	2	8	5	6	4	7
2	5	6	7	3	4	1	9	8
3	2	4	8	6	9	5	7	1
8	6	5	4	7	1	2	3	9
7	9	1	5	2	3	8	6	4

161

2	9	6	3	7	8	1	4	5
8	4	1	5	2	9	7	3	6
5	7	3	6	4	1	9	8	2
6	2	4	9	3	7	5	1	8
1	3	8	4	6	5	2	9	7
7	5	9	8	1	2	4	6	3
3	8	2	7	9	4	6	5	1
9	6	7	1	5	3	8	2	4
4	1	5	2	8	6	3	7	9

162

7	5	6	8	3	4	2	9	1
4	1	2	6	5	9	8	7	3
3	8	9	1	2	7	6	4	5
9	3	8	7	6	1	4	5	2
2	7	1	9	4	5	3	6	8
6	4	5	2	8	3	9	1	7
1	2	7	3	9	6	5	8	4
5	9	3	4	7	8	1	2	6
8	6	4	5	1	2	7	3	9

163

6	5	9	8	2	1	7	4	3
1	4	3	7	6	9	5	2	8
2	8	7	3	5	4	9	1	6
5	1	8	6	7	2	3	9	4
7	2	4	5	9	3	6	8	1
9	3	6	1	4	8	2	5	7
3	9	1	2	8	6	4	7	5
8	7	2	4	3	5	1	6	9
4	6	5	9	1	7	8	3	2

164

7	8	2	3	9	6	5	1	4
5	4	6	2	1	8	3	7	9
1	9	3	4	7	5	6	2	8
6	2	1	8	4	9	7	3	5
9	5	4	7	3	2	1	8	6
8	3	7	5	6	1	4	9	2
3	7	8	6	2	4	9	5	1
4	1	5	9	8	7	2	6	3
2	6	9	1	5	3	8	4	7

165

6	5	3	7	1	9	2	8	4
7	8	2	6	5	4	1	3	9
4	1	9	2	8	3	6	5	7
2	7	1	3	9	8	5	4	6
9	4	8	5	7	6	3	2	1
5	3	6	1	4	2	9	7	8
3	2	7	8	6	1	4	9	5
1	9	5	4	3	7	8	6	2
8	6	4	9	2	5	7	1	3

166

6	8	4	9	1	3	5	2	7
3	1	7	2	5	4	6	8	9
5	2	9	8	7	6	1	3	4
8	9	2	5	4	1	3	7	6
1	3	6	7	9	8	4	5	2
4	7	5	3	6	2	8	9	1
9	6	3	4	2	5	7	1	8
2	4	8	1	3	7	9	6	5
7	5	1	6	8	9	2	4	3

167

6	4	3	2	9	8	7	5	1
9	1	5	3	7	4	6	8	2
2	8	7	5	1	6	9	3	4
3	7	4	8	5	9	1	2	6
1	6	2	7	4	3	5	9	8
8	5	9	6	2	1	4	7	3
5	9	6	1	3	2	8	4	7
4	3	8	9	6	7	2	1	5
7	2	1	4	8	5	3	6	9

168

9	3	5	2	7	4	8	1	6
4	6	8	1	3	9	2	7	5
7	2	1	5	8	6	9	4	3
6	7	3	8	5	2	1	9	4
5	1	4	3	9	7	6	8	2
2	8	9	6	4	1	5	3	7
3	4	2	9	6	8	7	5	1
8	5	6	7	1	3	4	2	9
1	9	7	4	2	5	3	6	8

169

9	5	7	1	4	3	6	2	8
8	4	6	5	2	9	7	3	1
2	1	3	7	8	6	5	9	4
6	3	5	4	9	2	8	1	7
7	8	2	3	6	1	9	4	5
4	9	1	8	5	7	3	6	2
1	6	4	9	7	5	2	8	3
3	7	9	2	1	8	4	5	6
5	2	8	6	3	4	1	7	9

170

7	6	3	8	2	5	4	1	9
1	2	8	4	6	9	3	5	7
9	4	5	1	3	7	6	8	2
8	3	7	5	4	6	9	2	1
4	5	1	2	9	3	8	7	6
2	9	6	7	8	1	5	3	4
5	8	2	6	1	4	7	9	3
3	1	4	9	7	8	2	6	5
6	7	9	3	5	2	1	4	8

171

6	1	5	4	3	7	8	9	2
9	3	7	8	6	2	5	1	4
2	4	8	9	5	1	6	7	3
4	8	9	5	7	3	2	6	1
7	5	1	6	2	9	3	4	8
3	6	2	1	4	8	9	5	7
1	9	6	3	8	4	7	2	5
8	2	4	7	9	5	1	3	6
5	7	3	2	1	6	4	8	9

172

5	1	6	9	7	4	3	2	8
3	9	2	1	6	8	4	5	7
7	4	8	3	2	5	9	6	1
4	2	3	7	8	9	5	1	6
9	8	7	5	1	6	2	3	4
6	5	1	2	4	3	7	8	9
2	7	4	8	5	1	6	9	3
8	6	9	4	3	2	1	7	5
1	3	5	6	9	7	8	4	2

173

5	9	1	8	7	2	3	4	6
6	7	4	5	3	1	9	2	8
2	8	3	6	4	9	5	7	1
4	5	8	7	9	6	1	3	2
7	6	2	3	1	4	8	9	5
1	3	9	2	8	5	4	6	7
9	4	5	1	6	7	2	8	3
8	2	6	9	5	3	7	1	4
3	1	7	4	2	8	6	5	9

174

7	8	5	4	6	1	2	9	3
3	4	9	2	7	8	6	1	5
1	6	2	3	9	5	8	7	4
5	9	1	6	3	4	7	2	8
8	3	6	5	2	7	9	4	1
2	7	4	1	8	9	3	5	6
6	5	8	9	4	2	1	3	7
4	2	3	7	1	6	5	8	9
9	1	7	8	5	3	4	6	2

175

8	1	3	9	7	5	2	6	4
2	4	5	6	8	3	7	1	9
7	6	9	2	1	4	3	8	5
6	3	8	5	9	7	1	4	2
5	2	1	4	3	6	9	7	8
9	7	4	8	2	1	6	5	3
3	8	6	1	5	2	4	9	7
4	5	7	3	6	9	8	2	1
1	9	2	7	4	8	5	3	6

176

4	3	6	8	5	1	9	7	2
5	2	1	3	9	7	8	4	6
7	9	8	6	4	2	3	5	1
3	8	2	7	1	9	5	6	4
1	7	5	4	3	6	2	8	9
6	4	9	2	8	5	7	1	3
8	5	3	1	2	4	6	9	7
2	1	7	9	6	8	4	3	5
9	6	4	5	7	3	1	2	8

177

5	9	8	2	1	3	4	7	6
1	3	6	4	8	7	9	5	2
2	7	4	6	5	9	3	8	1
6	8	2	7	9	1	5	4	3
3	5	1	8	4	2	6	9	7
9	4	7	5	3	6	1	2	8
7	2	9	1	6	5	8	3	4
8	1	5	3	2	4	7	6	9
4	6	3	9	7	8	2	1	5

178

7	2	9	8	3	6	4	5	1
8	5	6	9	1	4	2	3	7
1	3	4	7	2	5	6	9	8
9	6	8	2	4	1	3	7	5
2	4	1	3	5	7	9	8	6
5	7	3	6	8	9	1	4	2
3	9	5	1	6	8	7	2	4
6	8	2	4	7	3	5	1	9
4	1	7	5	9	2	8	6	3

179

1	9	8	6	7	4	5	3	2
3	4	7	9	5	2	6	8	1
2	5	6	8	1	3	4	9	7
4	2	1	7	3	8	9	6	5
8	6	9	5	4	1	7	2	3
7	3	5	2	9	6	8	1	4
6	8	3	4	2	7	1	5	9
5	1	4	3	8	9	2	7	6
9	7	2	1	6	5	3	4	8

180

8	4	6	1	9	7	2	3	5
3	7	1	4	5	2	9	6	8
2	9	5	6	3	8	4	1	7
6	5	7	8	4	9	3	2	1
1	8	9	3	2	5	7	4	6
4	3	2	7	6	1	5	8	9
7	2	4	9	1	6	8	5	3
5	6	8	2	7	3	1	9	4
9	1	3	5	8	4	6	7	2

181

5	8	9	1	7	2	4	6	3
6	1	7	5	4	3	8	2	9
2	4	3	9	6	8	5	7	1
3	9	4	8	2	1	6	5	7
1	5	2	7	3	6	9	4	8
8	7	6	4	9	5	3	1	2
4	3	1	2	5	9	7	8	6
9	2	5	6	8	7	1	3	4
7	6	8	3	1	4	2	9	5

182

4	1	5	3	6	9	8	7	2
8	9	7	1	4	2	3	5	6
3	6	2	5	8	7	1	4	9
7	5	4	9	2	3	6	1	8
6	3	9	8	7	1	4	2	5
1	2	8	4	5	6	9	3	7
2	7	3	6	9	4	5	8	1
9	8	1	2	3	5	7	6	4
5	4	6	7	1	8	2	9	3

183

6	3	2	1	9	7	8	5	4
1	8	7	5	4	6	9	2	3
9	5	4	2	3	8	7	6	1
7	2	1	9	8	4	5	3	6
8	9	6	3	1	5	2	4	7
5	4	3	7	6	2	1	8	9
4	7	9	8	5	3	6	1	2
2	6	5	4	7	1	3	9	8
3	1	8	6	2	9	4	7	5

184

7	2	3	4	6	8	5	1	9
6	5	1	3	9	2	7	8	4
9	4	8	1	7	5	6	2	3
1	9	4	8	2	7	3	5	6
3	6	7	9	5	1	8	4	2
2	8	5	6	4	3	1	9	7
5	3	6	2	1	9	4	7	8
8	7	2	5	3	4	9	6	1
4	1	9	7	8	6	2	3	5

185

5	9	2	6	3	7	1	4	8
7	1	6	8	4	5	2	3	9
4	8	3	1	2	9	6	7	5
1	3	5	4	6	2	8	9	7
2	6	4	7	9	8	3	5	1
8	7	9	5	1	3	4	6	2
6	4	8	9	5	1	7	2	3
3	5	1	2	7	4	9	8	6
9	2	7	3	8	6	5	1	4

186

6	1	8	2	4	5	7	3	9
9	5	2	7	3	1	4	6	8
7	3	4	6	9	8	1	2	5
5	4	6	3	2	7	8	9	1
3	9	7	8	1	4	2	5	6
8	2	1	5	6	9	3	4	7
1	6	3	9	8	2	5	7	4
2	8	5	4	7	6	9	1	3
4	7	9	1	5	3	6	8	2

187

4	3	5	8	7	6	2	1	9
2	6	1	5	4	9	3	8	7
8	9	7	3	2	1	6	5	4
9	7	4	2	3	5	1	6	8
5	1	3	6	8	4	9	7	2
6	2	8	1	9	7	4	3	5
7	8	2	9	1	3	5	4	6
3	4	6	7	5	2	8	9	1
1	5	9	4	6	8	7	2	3

188

5	3	7	8	1	2	9	4	6
1	9	6	7	4	3	5	8	2
2	4	8	5	6	9	1	3	7
6	7	4	9	3	5	2	1	8
8	1	2	6	7	4	3	5	9
3	5	9	2	8	1	6	7	4
7	8	3	1	2	6	4	9	5
4	2	5	3	9	8	7	6	1
9	6	1	4	5	7	8	2	3

189

1	4	3	2	9	6	5	7	8
6	8	2	5	7	3	9	4	1
7	5	9	1	8	4	3	6	2
3	6	5	4	1	9	2	8	7
8	1	7	6	3	2	4	5	9
2	9	4	7	5	8	6	1	3
4	3	1	8	2	5	7	9	6
5	2	8	9	6	7	1	3	4
9	7	6	3	4	1	8	2	5

190

9	1	3	2	8	5	6	7	4
6	4	5	3	7	9	8	1	2
7	2	8	4	1	6	5	3	9
8	9	6	1	4	3	7	2	5
4	5	1	6	2	7	3	9	8
3	7	2	5	9	8	1	4	6
1	3	9	8	6	2	4	5	7
2	6	4	7	5	1	9	8	3
5	8	7	9	3	4	2	6	1

191

8	2	9	6	5	4	1	7	3
1	5	6	3	8	7	2	4	9
7	3	4	2	1	9	5	6	8
5	9	7	4	2	8	6	3	1
2	4	3	1	9	6	7	8	5
6	8	1	7	3	5	4	9	2
9	6	2	8	7	1	3	5	4
4	1	5	9	6	3	8	2	7
3	7	8	5	4	2	9	1	6

192

6	3	7	4	9	2	5	1	8
5	2	1	6	3	8	7	4	9
8	9	4	5	1	7	6	3	2
7	4	8	1	2	3	9	6	5
3	1	2	9	5	6	8	7	4
9	5	6	7	8	4	1	2	3
4	7	9	3	6	5	2	8	1
2	6	5	8	4	1	3	9	7
1	8	3	2	7	9	4	5	6

193

9	2	1	4	3	6	8	5	7
4	5	7	2	1	8	9	3	6
6	8	3	5	9	7	4	2	1
1	4	2	9	7	5	6	8	3
8	3	5	1	6	4	2	7	9
7	9	6	3	8	2	1	4	5
3	7	8	6	4	1	5	9	2
5	1	9	8	2	3	7	6	4
2	6	4	7	5	9	3	1	8

194

5	3	1	2	8	7	6	9	4
9	2	8	4	6	3	5	7	1
7	6	4	9	1	5	2	3	8
1	8	2	7	4	9	3	6	5
3	4	9	8	5	6	7	1	2
6	7	5	1	3	2	8	4	9
2	1	7	6	9	8	4	5	3
8	9	3	5	7	4	1	2	6
4	5	6	3	2	1	9	8	7

195

1	6	2	5	7	8	9	3	4
9	4	7	2	3	1	6	8	5
3	8	5	4	9	6	1	2	7
7	5	4	8	6	2	3	9	1
6	1	9	3	4	7	2	5	8
8	2	3	9	1	5	4	7	6
4	9	8	1	5	3	7	6	2
5	3	6	7	2	4	8	1	9
2	7	1	6	8	9	5	4	3

196

7	9	3	2	6	8	4	5	1
2	5	6	4	9	1	3	7	8
1	4	8	3	7	5	2	6	9
3	8	5	6	1	7	9	2	4
9	1	2	5	3	4	7	8	6
4	6	7	8	2	9	5	1	3
5	7	1	9	4	6	8	3	2
8	3	4	1	5	2	6	9	7
6	2	9	7	8	3	1	4	5

197

9	5	4	8	7	3	6	2	1
3	7	8	6	1	2	5	9	4
6	2	1	9	5	4	8	7	3
2	4	3	7	8	1	9	6	5
7	6	9	2	4	5	3	1	8
1	8	5	3	6	9	2	4	7
8	3	2	1	9	7	4	5	6
4	1	6	5	2	8	7	3	9
5	9	7	4	3	6	1	8	2

198

3	9	4	7	8	5	1	2	6
1	6	5	9	2	3	7	8	4
8	7	2	6	4	1	5	3	9
7	4	8	5	6	9	3	1	2
6	3	1	4	7	2	8	9	5
2	5	9	1	3	8	4	6	7
5	8	6	2	1	7	9	4	3
4	1	7	3	9	6	2	5	8
9	2	3	8	5	4	6	7	1

199

4	2	9	5	6	8	3	7	1
6	5	1	2	3	7	8	9	4
3	8	7	9	4	1	6	2	5
7	1	3	8	9	4	5	6	2
2	6	5	1	7	3	4	8	9
8	9	4	6	2	5	7	1	3
1	7	6	4	5	9	2	3	8
9	4	2	3	8	6	1	5	7
5	3	8	7	1	2	9	4	6

200

3	9	7	1	8	2	4	5	6
5	4	1	6	7	9	3	8	2
6	2	8	5	3	4	1	9	7
7	5	3	2	9	6	8	1	4
4	6	9	7	1	8	5	2	3
1	8	2	3	4	5	6	7	9
2	1	5	9	6	3	7	4	8
8	7	6	4	2	1	9	3	5
9	3	4	8	5	7	2	6	1

201

9	5	2	4	6	7	3	1	8
3	1	6	8	9	5	7	4	2
7	8	4	1	2	3	9	5	6
5	7	3	6	8	4	2	9	1
8	2	1	3	5	9	6	7	4
4	6	9	7	1	2	8	3	5
2	3	7	5	4	6	1	8	9
6	4	8	9	7	1	5	2	3
1	9	5	2	3	8	4	6	7

202

5	2	7	6	3	9	8	1	4
9	8	6	1	7	4	2	3	5
4	1	3	5	8	2	9	7	6
7	3	2	8	4	6	5	9	1
6	5	9	3	2	1	7	4	8
1	4	8	7	9	5	6	2	3
8	6	4	2	1	7	3	5	9
3	7	1	9	5	8	4	6	2
2	9	5	4	6	3	1	8	7

203

3	1	9	4	2	8	7	6	5
7	5	2	6	3	9	1	8	4
4	6	8	7	5	1	2	9	3
2	7	6	8	9	4	5	3	1
5	4	3	1	6	2	9	7	8
8	9	1	3	7	5	6	4	2
6	8	5	9	1	3	4	2	7
1	3	7	2	4	6	8	5	9
9	2	4	5	8	7	3	1	6

204

7	8	9	2	5	4	1	3	6
4	1	6	9	3	7	8	2	5
3	2	5	8	1	6	9	7	4
1	7	3	4	6	5	2	9	8
5	6	2	7	8	9	3	4	1
8	9	4	1	2	3	6	5	7
2	4	7	6	9	8	5	1	3
9	5	8	3	4	1	7	6	2
6	3	1	5	7	2	4	8	9

205

5	2	7	4	3	9	6	8	1
1	9	6	2	5	8	4	7	3
8	4	3	6	7	1	9	2	5
3	1	5	9	8	4	7	6	2
4	7	9	5	2	6	3	1	8
2	6	8	3	1	7	5	4	9
9	5	1	7	6	2	8	3	4
6	3	2	8	4	5	1	9	7
7	8	4	1	9	3	2	5	6

206

5	7	4	3	1	8	6	9	2
2	9	1	6	4	5	8	7	3
8	3	6	7	9	2	5	4	1
1	8	9	2	5	4	7	3	6
3	6	5	9	7	1	4	2	8
7	4	2	8	3	6	1	5	9
6	2	7	4	8	3	9	1	5
4	1	3	5	6	9	2	8	7
9	5	8	1	2	7	3	6	4

207

9	3	6	1	8	2	4	5	7
1	7	2	6	4	5	3	9	8
4	5	8	3	9	7	6	2	1
7	2	9	8	6	1	5	3	4
6	4	5	7	2	3	1	8	9
8	1	3	4	5	9	2	7	6
2	6	7	5	1	8	9	4	3
5	8	1	9	3	4	7	6	2
3	9	4	2	7	6	8	1	5

208

1	3	9	8	5	7	2	6	4
2	7	8	6	4	3	9	1	5
4	5	6	9	2	1	3	8	7
9	8	1	7	3	6	5	4	2
7	2	3	4	1	5	6	9	8
5	6	4	2	8	9	7	3	1
6	4	2	3	7	8	1	5	9
3	1	7	5	9	4	8	2	6
8	9	5	1	6	2	4	7	3

209

1	2	8	3	6	5	9	4	7
9	6	4	2	1	7	5	8	3
7	3	5	9	8	4	1	6	2
4	7	3	6	9	1	8	2	5
2	8	6	7	5	3	4	9	1
5	1	9	4	2	8	3	7	6
6	5	7	1	4	9	2	3	8
3	9	1	8	7	2	6	5	4
8	4	2	5	3	6	7	1	9

210

7	9	2	1	5	3	4	6	8
8	4	3	9	2	6	1	5	7
5	1	6	4	7	8	3	9	2
9	2	8	5	6	4	7	1	3
6	3	4	7	8	1	5	2	9
1	7	5	2	3	9	6	8	4
3	6	1	8	4	2	9	7	5
2	5	9	3	1	7	8	4	6
4	8	7	6	9	5	2	3	1

211

9	8	3	6	4	7	1	5	2
5	4	7	1	9	2	8	3	6
6	1	2	5	3	8	7	9	4
2	9	6	8	1	5	3	4	7
8	5	4	7	6	3	9	2	1
3	7	1	4	2	9	5	6	8
1	3	9	2	8	4	6	7	5
4	6	5	3	7	1	2	8	9
7	2	8	9	5	6	4	1	3

212

7	9	2	4	5	8	1	3	6
3	5	4	6	2	1	8	9	7
8	1	6	9	3	7	5	2	4
9	4	7	3	1	5	2	6	8
2	3	1	8	6	4	7	5	9
5	6	8	2	7	9	4	1	3
4	8	5	1	9	3	6	7	2
1	2	3	7	4	6	9	8	5
6	7	9	5	8	2	3	4	1

213

5	7	9	8	1	2	6	3	4
4	1	6	7	3	5	2	8	9
2	8	3	9	6	4	7	5	1
1	9	2	5	7	3	4	6	8
8	3	7	1	4	6	9	2	5
6	5	4	2	8	9	1	7	3
3	6	5	4	9	7	8	1	2
7	4	1	3	2	8	5	9	6
9	2	8	6	5	1	3	4	7

214

6	3	8	5	7	1	2	4	9
1	9	2	4	8	6	5	3	7
4	5	7	9	3	2	1	8	6
7	2	5	8	6	9	4	1	3
9	6	3	1	4	5	8	7	2
8	4	1	3	2	7	9	6	5
3	1	6	2	9	4	7	5	8
5	8	9	7	1	3	6	2	4
2	7	4	6	5	8	3	9	1

215

2	5	1	4	7	9	6	3	8
8	7	6	2	3	5	9	1	4
3	4	9	8	6	1	2	7	5
1	6	8	7	9	4	5	2	3
9	3	4	6	5	2	7	8	1
7	2	5	3	1	8	4	9	6
4	1	3	5	2	7	8	6	9
5	9	7	1	8	6	3	4	2
6	8	2	9	4	3	1	5	7

216

8	1	9	3	6	5	4	2	7
3	7	6	2	1	4	5	8	9
4	2	5	9	7	8	6	1	3
7	4	2	8	3	9	1	5	6
5	6	8	7	4	1	3	9	2
9	3	1	6	5	2	7	4	8
2	5	3	1	8	7	9	6	4
6	9	4	5	2	3	8	7	1
1	8	7	4	9	6	2	3	5

217

5	7	3	2	6	4	8	9	1
4	2	8	1	7	9	6	3	5
9	6	1	3	8	5	2	4	7
6	4	7	5	3	8	1	2	9
1	5	9	7	2	6	4	8	3
3	8	2	9	4	1	5	7	6
2	9	5	4	1	3	7	6	8
7	3	6	8	5	2	9	1	4
8	1	4	6	9	7	3	5	2

218

1	4	6	8	7	5	3	9	2
8	9	3	6	4	2	1	5	7
7	5	2	1	3	9	8	4	6
3	6	9	5	2	7	4	8	1
2	7	8	4	9	1	6	3	5
5	1	4	3	8	6	2	7	9
4	2	7	9	1	8	5	6	3
9	3	5	2	6	4	7	1	8
6	8	1	7	5	3	9	2	4

219

5	2	7	6	4	1	9	8	3
1	4	9	8	5	3	2	6	7
3	6	8	7	2	9	4	1	5
8	7	6	5	9	2	1	3	4
2	5	3	4	1	7	8	9	6
4	9	1	3	8	6	5	7	2
6	8	2	1	3	5	7	4	9
7	1	5	9	6	4	3	2	8
9	3	4	2	7	8	6	5	1

220

1	3	7	9	8	2	6	4	5
9	8	2	6	5	4	7	3	1
4	5	6	3	7	1	8	2	9
7	2	3	5	4	8	9	1	6
5	9	1	7	3	6	4	8	2
8	6	4	2	1	9	5	7	3
6	4	9	1	2	7	3	5	8
2	7	5	8	9	3	1	6	4
3	1	8	4	6	5	2	9	7

221

6	2	7	8	3	4	1	9	5
9	3	4	5	1	2	7	8	6
8	1	5	7	6	9	3	2	4
5	4	3	9	8	7	2	6	1
7	8	1	6	2	3	4	5	9
2	6	9	1	4	5	8	7	3
1	5	2	3	9	8	6	4	7
4	7	6	2	5	1	9	3	8
3	9	8	4	7	6	5	1	2

222

2	1	3	6	8	7	4	9	5
7	5	6	3	9	4	2	8	1
8	4	9	1	5	2	6	3	7
4	3	7	9	2	1	5	6	8
1	9	8	5	3	6	7	2	4
6	2	5	7	4	8	9	1	3
5	7	1	2	6	3	8	4	9
9	6	4	8	1	5	3	7	2
3	8	2	4	7	9	1	5	6

223

7	5	8	4	6	3	9	2	1
3	9	4	2	7	1	8	5	6
2	6	1	9	5	8	3	4	7
1	8	3	5	2	4	7	6	9
6	2	9	1	8	7	4	3	5
5	4	7	6	3	9	1	8	2
4	7	6	8	1	5	2	9	3
9	1	5	3	4	2	6	7	8
8	3	2	7	9	6	5	1	4

224

1	6	8	7	3	4	5	9	2
4	2	3	9	5	6	8	7	1
5	7	9	8	2	1	3	4	6
6	1	5	3	4	9	7	2	8
7	9	2	1	8	5	4	6	3
8	3	4	2	6	7	1	5	9
9	5	7	6	1	3	2	8	4
2	4	1	5	9	8	6	3	7
3	8	6	4	7	2	9	1	5

225

3	8	5	2	9	1	7	4	6
9	4	7	6	3	8	2	1	5
2	6	1	4	7	5	9	3	8
5	7	6	9	4	2	1	8	3
4	1	9	8	5	3	6	7	2
8	3	2	1	6	7	5	9	4
7	9	3	5	2	4	8	6	1
1	2	4	7	8	6	3	5	9
6	5	8	3	1	9	4	2	7

226

6	1	3	8	7	4	5	9	2
5	4	7	3	9	2	8	6	1
2	8	9	6	5	1	3	7	4
3	2	5	7	1	6	4	8	9
1	7	8	4	3	9	2	5	6
4	9	6	2	8	5	7	1	3
9	3	1	5	2	8	6	4	7
8	6	2	9	4	7	1	3	5
7	5	4	1	6	3	9	2	8

227

1	6	4	7	9	8	5	3	2
7	9	8	5	3	2	4	1	6
3	2	5	1	6	4	8	9	7
4	7	1	2	8	5	3	6	9
2	8	9	6	4	3	7	5	1
6	5	3	9	7	1	2	8	4
9	3	2	8	1	7	6	4	5
5	4	6	3	2	9	1	7	8
8	1	7	4	5	6	9	2	3

228

8	9	1	3	6	2	5	7	4
3	7	5	1	8	4	9	6	2
2	6	4	9	7	5	8	1	3
5	1	9	6	3	7	4	2	8
6	3	7	4	2	8	1	5	9
4	2	8	5	1	9	6	3	7
9	4	6	7	5	3	2	8	1
1	8	3	2	9	6	7	4	5
7	5	2	8	4	1	3	9	6

229

5	3	8	4	7	2	6	9	1
6	2	9	1	3	5	4	7	8
7	1	4	9	8	6	2	3	5
1	7	6	3	2	4	8	5	9
2	8	5	7	1	9	3	6	4
4	9	3	6	5	8	7	1	2
3	5	7	8	4	1	9	2	6
8	6	1	2	9	7	5	4	3
9	4	2	5	6	3	1	8	7

230

9	6	1	4	2	8	7	3	5
3	4	5	9	7	1	8	2	6
7	2	8	5	6	3	9	1	4
5	9	4	6	3	2	1	7	8
6	7	2	8	1	5	3	4	9
1	8	3	7	4	9	6	5	2
8	3	9	1	5	4	2	6	7
2	5	6	3	9	7	4	8	1
4	1	7	2	8	6	5	9	3

231

8	7	9	3	5	6	1	4	2
5	3	1	7	4	2	8	9	6
4	6	2	1	8	9	7	3	5
7	4	5	9	1	8	6	2	3
6	9	8	2	7	3	4	5	1
1	2	3	4	6	5	9	7	8
2	8	4	6	3	7	5	1	9
3	5	7	8	9	1	2	6	4
9	1	6	5	2	4	3	8	7

232

4	6	8	9	2	1	7	5	3
9	2	7	3	5	6	8	4	1
3	1	5	4	7	8	9	2	6
1	9	4	8	3	5	2	6	7
5	7	3	1	6	2	4	8	9
6	8	2	7	9	4	1	3	5
7	4	6	2	1	3	5	9	8
2	5	9	6	8	7	3	1	4
8	3	1	5	4	9	6	7	2

233

9	8	3	6	4	2	7	1	5
7	4	5	8	3	1	2	9	6
1	2	6	9	5	7	4	3	8
4	6	9	1	2	5	8	7	3
2	1	8	3	7	9	5	6	4
3	5	7	4	8	6	1	2	9
6	7	4	5	1	3	9	8	2
5	9	2	7	6	8	3	4	1
8	3	1	2	9	4	6	5	7

234

3	7	9	6	4	2	5	1	8
4	5	8	1	7	3	9	6	2
2	6	1	8	5	9	3	7	4
9	4	5	7	2	6	8	3	1
1	8	6	4	3	5	2	9	7
7	2	3	9	8	1	4	5	6
6	1	2	5	9	8	7	4	3
5	3	7	2	6	4	1	8	9
8	9	4	3	1	7	6	2	5

235

6	1	3	7	9	8	2	4	5
8	2	9	3	4	5	6	7	1
7	5	4	2	1	6	8	3	9
2	8	5	1	3	7	9	6	4
3	9	1	4	6	2	7	5	8
4	6	7	5	8	9	3	1	2
9	7	8	6	5	1	4	2	3
5	3	2	9	7	4	1	8	6
1	4	6	8	2	3	5	9	7

236

1	9	7	2	4	6	3	5	8
4	5	6	8	3	1	2	7	9
3	2	8	9	7	5	1	6	4
2	8	4	7	9	3	5	1	6
9	6	3	1	5	4	8	2	7
5	7	1	6	2	8	9	4	3
8	3	5	4	6	2	7	9	1
6	1	9	5	8	7	4	3	2
7	4	2	3	1	9	6	8	5

237

4	7	8	9	2	3	1	5	6
6	2	5	8	1	7	3	4	9
1	3	9	5	4	6	2	8	7
9	8	3	6	7	2	4	1	5
2	6	4	1	8	5	9	7	3
5	1	7	3	9	4	6	2	8
3	5	2	7	6	1	8	9	4
7	9	1	4	3	8	5	6	2
8	4	6	2	5	9	7	3	1

238

5	6	2	3	1	8	9	7	4
3	1	9	7	6	4	8	2	5
4	7	8	5	2	9	3	6	1
2	4	5	6	9	7	1	8	3
7	8	1	4	5	3	2	9	6
9	3	6	2	8	1	4	5	7
8	2	7	1	3	6	5	4	9
6	9	3	8	4	5	7	1	2
1	5	4	9	7	2	6	3	8

239

4	7	9	8	5	1	3	2	6
1	5	2	7	6	3	4	9	8
6	3	8	2	9	4	5	1	7
2	6	4	5	3	9	7	8	1
7	8	3	6	1	2	9	5	4
5	9	1	4	8	7	2	6	3
3	4	6	9	2	8	1	7	5
8	2	7	1	4	5	6	3	9
9	1	5	3	7	6	8	4	2

240

9	6	1	7	2	5	4	8	3
3	2	8	4	1	6	5	7	9
7	5	4	9	3	8	1	2	6
1	9	5	3	4	7	8	6	2
4	8	7	6	9	2	3	1	5
2	3	6	8	5	1	7	9	4
5	1	9	2	8	4	6	3	7
8	7	3	5	6	9	2	4	1
6	4	2	1	7	3	9	5	8

241

9	4	8	7	2	5	6	1	3
3	2	6	4	8	1	7	9	5
1	7	5	3	9	6	2	4	8
7	3	1	6	4	2	5	8	9
6	5	9	8	1	3	4	7	2
4	8	2	5	7	9	1	3	6
8	9	7	2	5	4	3	6	1
5	1	3	9	6	7	8	2	4
2	6	4	1	3	8	9	5	7

242

1	2	6	8	5	3	9	4	7
3	7	8	1	4	9	6	2	5
5	9	4	6	7	2	1	8	3
9	4	3	7	8	5	2	6	1
7	6	2	3	1	4	5	9	8
8	5	1	9	2	6	3	7	4
4	1	5	2	6	7	8	3	9
6	3	7	5	9	8	4	1	2
2	8	9	4	3	1	7	5	6

243

3	1	5	7	4	8	2	6	9
7	9	6	1	5	2	4	8	3
4	8	2	9	6	3	5	7	1
2	7	9	8	3	4	1	5	6
6	4	1	5	7	9	3	2	8
5	3	8	2	1	6	7	9	4
1	5	3	6	9	7	8	4	2
9	2	4	3	8	5	6	1	7
8	6	7	4	2	1	9	3	5

244

8	4	2	3	7	1	6	5	9
5	6	3	8	9	4	1	2	7
7	1	9	6	5	2	4	3	8
4	9	5	7	1	8	3	6	2
2	8	6	5	4	3	9	7	1
1	3	7	2	6	9	8	4	5
3	5	4	1	8	7	2	9	6
9	7	8	4	2	6	5	1	3
6	2	1	9	3	5	7	8	4

245

9	2	4	3	7	5	1	6	8
8	7	6	1	9	4	3	2	5
1	3	5	6	2	8	4	9	7
5	1	3	9	6	2	7	8	4
6	8	7	4	5	1	2	3	9
4	9	2	7	8	3	6	5	1
7	5	8	2	1	6	9	4	3
2	4	1	8	3	9	5	7	6
3	6	9	5	4	7	8	1	2

246

5	4	6	3	7	8	2	9	1
1	8	9	4	2	6	7	5	3
7	2	3	5	9	1	4	6	8
6	1	5	2	8	4	3	7	9
9	7	4	1	3	5	6	8	2
2	3	8	7	6	9	5	1	4
4	6	1	8	5	3	9	2	7
3	5	7	9	1	2	8	4	6
8	9	2	6	4	7	1	3	5

247

4	2	1	5	3	8	6	9	7
8	7	9	1	6	2	5	4	3
3	5	6	7	9	4	2	1	8
7	6	3	2	1	9	8	5	4
9	1	4	8	5	3	7	2	6
2	8	5	4	7	6	9	3	1
1	4	2	6	8	5	3	7	9
5	9	8	3	4	7	1	6	2
6	3	7	9	2	1	4	8	5

248

3	8	4	1	7	5	9	2	6
6	5	9	3	2	8	7	4	1
7	2	1	4	6	9	5	3	8
4	7	2	9	8	3	6	1	5
9	1	8	2	5	6	4	7	3
5	6	3	7	1	4	8	9	2
8	3	7	5	4	1	2	6	9
2	9	6	8	3	7	1	5	4
1	4	5	6	9	2	3	8	7

249

3	5	1	7	8	9	6	4	2
8	7	9	4	6	2	5	3	1
4	2	6	3	5	1	8	7	9
9	6	5	2	3	4	1	8	7
7	4	2	6	1	8	9	5	3
1	3	8	9	7	5	4	2	6
2	8	4	1	9	7	3	6	5
6	9	7	5	4	3	2	1	8
5	1	3	8	2	6	7	9	4

250

4	5	6	8	7	1	3	2	9
2	1	8	4	9	3	5	7	6
9	7	3	5	2	6	8	1	4
5	3	7	9	6	4	1	8	2
1	4	2	7	5	8	6	9	3
6	8	9	3	1	2	7	4	5
3	9	1	6	4	7	2	5	8
7	6	5	2	8	9	4	3	1
8	2	4	1	3	5	9	6	7

251

3	7	9	2	4	1	8	6	5
5	6	1	8	7	3	4	9	2
4	2	8	9	5	6	1	3	7
2	9	7	3	8	4	5	1	6
1	3	4	6	2	5	7	8	9
6	8	5	7	1	9	2	4	3
7	1	6	4	9	2	3	5	8
8	4	3	5	6	7	9	2	1
9	5	2	1	3	8	6	7	4

252

1	4	7	9	2	5	8	6	3
5	9	3	6	1	8	7	4	2
2	8	6	7	4	3	1	9	5
3	2	9	8	6	1	4	5	7
8	6	4	5	7	2	3	1	9
7	5	1	4	3	9	6	2	8
4	1	2	3	9	7	5	8	6
9	7	8	1	5	6	2	3	4
6	3	5	2	8	4	9	7	1

253

3	1	6	5	8	7	4	9	2
7	2	5	4	6	9	8	3	1
9	4	8	1	2	3	5	7	6
6	8	4	9	1	2	7	5	3
5	7	1	3	4	8	2	6	9
2	3	9	7	5	6	1	8	4
1	9	2	6	7	5	3	4	8
4	5	3	8	9	1	6	2	7
8	6	7	2	3	4	9	1	5

254

8	9	7	5	3	6	1	4	2
2	5	4	1	9	7	3	8	6
3	6	1	4	8	2	7	9	5
1	8	2	7	4	9	5	6	3
9	4	6	3	1	5	2	7	8
7	3	5	2	6	8	4	1	9
6	2	3	9	7	1	8	5	4
4	7	8	6	5	3	9	2	1
5	1	9	8	2	4	6	3	7

255

9	5	3	1	6	4	8	2	7
4	7	8	2	9	5	6	3	1
2	6	1	3	7	8	9	5	4
3	2	9	8	4	6	1	7	5
5	8	6	7	2	1	3	4	9
7	1	4	5	3	9	2	8	6
1	4	7	6	8	3	5	9	2
8	9	5	4	1	2	7	6	3
6	3	2	9	5	7	4	1	8

256

1	7	3	8	5	9	6	2	4
2	5	9	6	4	1	8	3	7
4	8	6	3	2	7	9	1	5
3	1	7	9	6	4	5	8	2
6	9	8	5	7	2	1	4	3
5	2	4	1	3	8	7	9	6
7	3	1	2	8	6	4	5	9
8	6	5	4	9	3	2	7	1
9	4	2	7	1	5	3	6	8

257

6	9	3	5	1	4	2	8	7
2	8	1	9	7	3	5	6	4
4	5	7	6	2	8	1	3	9
9	3	6	1	8	5	4	7	2
1	2	5	4	6	7	8	9	3
7	4	8	2	3	9	6	5	1
3	1	9	8	5	2	7	4	6
8	6	4	7	9	1	3	2	5
5	7	2	3	4	6	9	1	8

258

1	2	6	5	3	9	4	7	8
4	3	9	7	2	8	1	5	6
5	7	8	6	1	4	2	3	9
7	9	2	3	4	6	8	1	5
3	4	5	9	8	1	7	6	2
8	6	1	2	7	5	9	4	3
6	8	7	1	9	3	5	2	4
2	5	4	8	6	7	3	9	1
9	1	3	4	5	2	6	8	7

259

7	8	1	4	3	6	2	9	5
4	5	6	8	2	9	1	3	7
2	3	9	1	7	5	8	6	4
1	7	2	3	9	8	5	4	6
3	4	8	6	5	1	7	2	9
6	9	5	2	4	7	3	8	1
8	6	4	5	1	2	9	7	3
9	1	3	7	8	4	6	5	2
5	2	7	9	6	3	4	1	8

260

1	4	3	5	7	9	6	8	2
5	2	6	1	4	8	3	7	9
7	8	9	2	3	6	1	5	4
9	5	8	4	2	1	7	6	3
6	7	4	9	5	3	8	2	1
3	1	2	6	8	7	4	9	5
2	6	1	8	9	4	5	3	7
8	3	5	7	1	2	9	4	6
4	9	7	3	6	5	2	1	8

261

3	8	4	1	2	9	5	6	7
5	6	2	4	8	7	9	1	3
7	1	9	3	5	6	2	4	8
1	7	8	9	3	4	6	5	2
9	2	6	7	1	5	3	8	4
4	3	5	2	6	8	7	9	1
2	5	7	6	4	1	8	3	9
6	4	3	8	9	2	1	7	5
8	9	1	5	7	3	4	2	6

262

8	9	6	5	2	3	7	1	4
4	2	7	9	6	1	3	5	8
3	1	5	4	7	8	6	9	2
2	4	1	6	3	9	8	7	5
7	6	8	2	1	5	4	3	9
9	5	3	7	8	4	2	6	1
5	8	2	3	9	6	1	4	7
1	3	4	8	5	7	9	2	6
6	7	9	1	4	2	5	8	3

263

9	1	4	2	7	5	8	6	3
6	8	7	3	9	1	2	5	4
5	2	3	4	8	6	7	1	9
8	5	6	1	3	9	4	7	2
2	4	1	8	6	7	3	9	5
7	3	9	5	4	2	6	8	1
4	9	2	7	5	8	1	3	6
1	6	8	9	2	3	5	4	7
3	7	5	6	1	4	9	2	8

264

2	7	9	3	6	4	1	5	8
3	6	8	5	9	1	7	4	2
4	1	5	2	7	8	3	6	9
7	5	2	8	4	6	9	1	3
1	4	6	9	2	3	8	7	5
8	9	3	7	1	5	4	2	6
9	2	1	6	3	7	5	8	4
6	8	7	4	5	9	2	3	1
5	3	4	1	8	2	6	9	7

265

8	1	2	6	9	7	5	4	3
7	4	9	2	5	3	6	1	8
5	3	6	8	1	4	2	9	7
9	2	5	3	6	8	1	7	4
3	8	4	1	7	5	9	6	2
1	6	7	9	4	2	8	3	5
6	7	3	5	8	9	4	2	1
4	5	1	7	2	6	3	8	9
2	9	8	4	3	1	7	5	6

266

9	4	8	5	6	3	1	2	7
1	2	3	7	8	9	4	6	5
5	7	6	2	1	4	9	3	8
7	6	9	4	5	8	3	1	2
2	8	1	3	7	6	5	9	4
3	5	4	9	2	1	8	7	6
8	9	2	1	4	7	6	5	3
6	3	7	8	9	5	2	4	1
4	1	5	6	3	2	7	8	9

267

3	9	1	2	6	8	7	5	4
6	5	7	4	9	1	3	2	8
8	4	2	3	5	7	1	6	9
4	7	8	9	2	3	6	1	5
9	3	6	7	1	5	4	8	2
1	2	5	6	8	4	9	3	7
7	6	4	5	3	2	8	9	1
2	1	9	8	4	6	5	7	3
5	8	3	1	7	9	2	4	6

268

2	6	1	5	7	4	3	8	9
4	3	5	8	9	2	6	7	1
7	9	8	3	1	6	4	5	2
3	1	9	2	5	7	8	6	4
8	7	6	4	3	9	2	1	5
5	2	4	6	8	1	7	9	3
1	4	7	9	6	3	5	2	8
9	5	3	7	2	8	1	4	6
6	8	2	1	4	5	9	3	7

269

2	1	6	7	8	4	3	5	9
7	9	3	5	1	2	8	4	6
5	8	4	9	3	6	2	1	7
8	2	7	3	4	9	1	6	5
1	3	5	2	6	7	9	8	4
6	4	9	1	5	8	7	3	2
4	7	1	6	9	3	5	2	8
3	6	2	8	7	5	4	9	1
9	5	8	4	2	1	6	7	3

270

2	6	5	7	1	3	8	9	4
7	3	1	8	4	9	5	6	2
4	8	9	5	6	2	3	1	7
9	5	8	2	7	6	1	4	3
1	7	6	3	9	4	2	5	8
3	2	4	1	8	5	6	7	9
5	4	3	9	2	1	7	8	6
6	1	7	4	3	8	9	2	5
8	9	2	6	5	7	4	3	1

271

2	5	1	6	8	7	4	9	3
4	3	9	2	1	5	7	6	8
8	7	6	3	4	9	2	1	5
9	4	2	5	6	3	8	7	1
5	8	7	4	9	1	3	2	6
6	1	3	8	7	2	9	5	4
1	9	8	7	5	4	6	3	2
3	6	5	9	2	8	1	4	7
7	2	4	1	3	6	5	8	9

272

1	3	9	7	2	8	4	6	5
7	6	5	3	1	4	8	2	9
4	8	2	9	5	6	3	1	7
6	1	8	4	3	5	7	9	2
2	4	7	6	9	1	5	3	8
5	9	3	2	8	7	1	4	6
9	7	6	5	4	3	2	8	1
3	2	1	8	7	9	6	5	4
8	5	4	1	6	2	9	7	3

273

8	5	1	2	3	4	9	6	7
4	2	7	6	1	9	8	5	3
6	9	3	8	5	7	4	1	2
5	6	4	9	2	8	7	3	1
1	8	9	7	6	3	5	2	4
7	3	2	5	4	1	6	8	9
2	4	5	3	9	6	1	7	8
9	7	6	1	8	2	3	4	5
3	1	8	4	7	5	2	9	6

274

9	7	1	3	6	4	8	2	5
4	3	5	2	1	8	6	7	9
6	2	8	9	5	7	1	4	3
5	6	7	4	8	2	3	9	1
2	1	9	6	7	3	5	8	4
3	8	4	1	9	5	7	6	2
7	4	6	5	3	9	2	1	8
1	5	2	8	4	6	9	3	7
8	9	3	7	2	1	4	5	6

275

2	6	8	7	5	4	9	1	3
3	5	1	2	9	6	8	7	4
4	7	9	8	1	3	6	5	2
8	9	5	4	3	1	7	2	6
6	2	3	5	8	7	1	4	9
7	1	4	6	2	9	5	3	8
5	3	7	9	4	8	2	6	1
1	8	2	3	6	5	4	9	7
9	4	6	1	7	2	3	8	5

276

7	5	9	1	2	8	6	3	4
3	2	6	4	7	5	8	9	1
4	8	1	9	6	3	7	5	2
6	7	5	2	4	1	3	8	9
9	1	4	3	8	6	5	2	7
8	3	2	7	5	9	4	1	6
5	9	3	6	1	4	2	7	8
1	6	7	8	3	2	9	4	5
2	4	8	5	9	7	1	6	3

277

9	7	3	1	6	4	8	2	5
1	2	5	8	9	3	6	4	7
6	4	8	7	5	2	3	9	1
4	9	7	5	2	8	1	3	6
2	3	6	4	1	7	9	5	8
8	5	1	9	3	6	4	7	2
3	1	2	6	4	5	7	8	9
7	6	4	2	8	9	5	1	3
5	8	9	3	7	1	2	6	4

278

7	9	3	5	1	6	4	8	2
2	1	8	4	3	9	7	5	6
5	4	6	7	2	8	1	9	3
1	8	7	2	6	5	9	3	4
3	5	9	8	7	4	6	2	1
6	2	4	3	9	1	8	7	5
4	7	2	6	8	3	5	1	9
9	3	5	1	4	7	2	6	8
8	6	1	9	5	2	3	4	7

279

8	4	1	6	7	9	3	2	5
6	5	7	2	1	3	8	4	9
3	2	9	8	4	5	1	7	6
2	7	5	4	3	6	9	8	1
1	8	3	9	5	2	4	6	7
9	6	4	7	8	1	5	3	2
4	9	8	5	6	7	2	1	3
7	1	2	3	9	8	6	5	4
5	3	6	1	2	4	7	9	8

280

1	6	8	7	2	5	4	3	9
9	2	3	4	1	6	5	8	7
5	7	4	9	8	3	6	1	2
4	9	1	6	7	8	2	5	3
8	3	7	2	5	4	9	6	1
2	5	6	3	9	1	7	4	8
6	4	2	8	3	9	1	7	5
3	1	9	5	4	7	8	2	6
7	8	5	1	6	2	3	9	4

281

4	5	3	7	8	1	9	2	6
7	9	6	2	3	4	5	1	8
8	1	2	9	6	5	4	3	7
2	8	5	1	4	6	7	9	3
6	4	9	5	7	3	2	8	1
1	3	7	8	2	9	6	4	5
9	7	4	6	1	8	3	5	2
5	6	8	3	9	2	1	7	4
3	2	1	4	5	7	8	6	9

282

6	8	4	2	7	5	1	9	3
7	3	1	4	6	9	8	5	2
5	2	9	1	3	8	7	4	6
4	6	5	7	8	1	3	2	9
3	9	8	5	2	6	4	7	1
2	1	7	9	4	3	5	6	8
9	7	2	8	1	4	6	3	5
1	4	3	6	5	2	9	8	7
8	5	6	3	9	7	2	1	4

283

6	4	7	5	9	8	1	3	2
8	1	5	3	2	7	6	9	4
2	3	9	1	6	4	8	7	5
5	8	6	4	3	1	7	2	9
7	2	4	9	5	6	3	1	8
1	9	3	7	8	2	4	5	6
9	5	8	6	1	3	2	4	7
3	7	2	8	4	9	5	6	1
4	6	1	2	7	5	9	8	3

284

8	1	7	3	4	9	5	6	2
4	9	6	5	8	2	1	7	3
3	5	2	7	6	1	8	9	4
5	6	9	2	1	8	4	3	7
7	4	1	6	5	3	2	8	9
2	3	8	9	7	4	6	5	1
6	2	5	1	3	7	9	4	8
9	8	3	4	2	5	7	1	6
1	7	4	8	9	6	3	2	5

285

1	3	7	5	4	8	6	2	9
5	2	8	9	6	1	4	3	7
9	6	4	7	2	3	5	8	1
6	8	5	1	7	2	3	9	4
3	4	1	8	5	9	7	6	2
2	7	9	4	3	6	1	5	8
8	9	3	6	1	7	2	4	5
4	1	6	2	8	5	9	7	3
7	5	2	3	9	4	8	1	6

286

9	1	6	8	2	5	7	4	3
7	8	5	3	9	4	6	1	2
2	4	3	6	7	1	5	9	8
8	6	7	9	4	3	1	2	5
1	2	9	7	5	6	3	8	4
3	5	4	1	8	2	9	7	6
4	9	1	5	3	8	2	6	7
6	3	2	4	1	7	8	5	9
5	7	8	2	6	9	4	3	1

287

5	4	8	3	9	7	1	2	6
9	7	1	2	6	5	3	4	8
6	3	2	4	1	8	7	5	9
3	5	7	8	4	9	6	1	2
1	8	9	6	2	3	4	7	5
2	6	4	5	7	1	8	9	3
7	9	3	1	5	6	2	8	4
8	2	5	7	3	4	9	6	1
4	1	6	9	8	2	5	3	7

288

9	6	3	4	2	1	7	5	8
4	7	5	3	8	6	1	9	2
2	8	1	9	5	7	4	6	3
6	1	4	7	3	8	9	2	5
5	9	7	1	6	2	8	3	4
3	2	8	5	4	9	6	7	1
8	5	2	6	9	4	3	1	7
1	4	6	2	7	3	5	8	9
7	3	9	8	1	5	2	4	6

289

2	1	4	8	6	7	3	9	5
6	5	8	4	9	3	2	1	7
9	3	7	1	5	2	4	8	6
3	7	9	6	2	8	5	4	1
8	2	6	5	4	1	7	3	9
1	4	5	7	3	9	6	2	8
4	6	3	9	8	5	1	7	2
7	8	2	3	1	6	9	5	4
5	9	1	2	7	4	8	6	3

290

4	9	7	8	1	2	5	6	3
6	8	1	3	5	4	2	9	7
5	3	2	7	6	9	4	8	1
7	6	3	9	4	5	1	2	8
8	1	5	6	2	7	9	3	4
9	2	4	1	8	3	7	5	6
3	4	6	5	9	1	8	7	2
2	7	9	4	3	8	6	1	5
1	5	8	2	7	6	3	4	9

291

1	7	5	8	9	6	2	3	4
3	9	6	7	4	2	5	1	8
4	8	2	1	5	3	7	9	6
6	2	4	9	1	8	3	7	5
5	3	9	6	2	7	4	8	1
8	1	7	5	3	4	9	6	2
7	4	3	2	8	1	6	5	9
9	6	1	4	7	5	8	2	3
2	5	8	3	6	9	1	4	7

292

1	2	6	4	9	3	7	8	5
9	5	3	8	7	6	1	4	2
7	8	4	5	1	2	3	6	9
5	3	1	6	8	9	2	7	4
8	4	7	1	2	5	6	9	3
2	6	9	7	3	4	8	5	1
6	9	2	3	5	7	4	1	8
3	7	8	9	4	1	5	2	6
4	1	5	2	6	8	9	3	7

293

8	6	3	5	1	4	9	7	2
7	1	4	3	9	2	6	8	5
2	5	9	7	6	8	1	4	3
4	9	2	6	5	3	7	1	8
6	8	5	1	2	7	4	3	9
3	7	1	4	8	9	5	2	6
5	2	8	9	7	1	3	6	4
1	4	6	8	3	5	2	9	7
9	3	7	2	4	6	8	5	1

294

4	5	9	1	3	7	6	8	2
8	3	7	6	2	9	1	5	4
1	6	2	8	5	4	9	3	7
3	7	6	5	9	1	4	2	8
5	8	1	7	4	2	3	6	9
2	9	4	3	8	6	5	7	1
9	4	3	2	7	5	8	1	6
7	1	8	4	6	3	2	9	5
6	2	5	9	1	8	7	4	3

295

8	9	7	1	5	2	6	3	4
5	4	3	9	6	8	1	2	7
2	1	6	4	7	3	5	8	9
1	7	9	2	3	4	8	5	6
3	5	8	6	9	1	7	4	2
4	6	2	7	8	5	3	9	1
9	3	4	5	1	6	2	7	8
7	8	1	3	2	9	4	6	5
6	2	5	8	4	7	9	1	3

296

1	9	2	4	6	7	3	8	5
7	6	8	3	9	5	4	2	1
4	5	3	2	8	1	9	7	6
3	2	4	8	7	6	5	1	9
5	7	1	9	4	2	6	3	8
6	8	9	1	5	3	7	4	2
8	3	5	6	1	4	2	9	7
2	1	6	7	3	9	8	5	4
9	4	7	5	2	8	1	6	3

297

8	1	4	6	7	2	5	9	3
6	2	3	9	4	5	7	8	1
5	7	9	8	1	3	4	6	2
3	6	7	1	2	8	9	4	5
2	9	1	4	5	6	3	7	8
4	5	8	3	9	7	1	2	6
7	4	5	2	6	1	8	3	9
1	3	6	7	8	9	2	5	4
9	8	2	5	3	4	6	1	7

298

8	4	3	7	6	5	1	9	2
6	2	1	9	8	3	7	5	4
9	5	7	4	1	2	8	3	6
1	9	6	5	4	7	3	2	8
2	7	8	1	3	9	4	6	5
4	3	5	8	2	6	9	7	1
5	6	4	3	9	1	2	8	7
7	1	9	2	5	8	6	4	3
3	8	2	6	7	4	5	1	9

299

2	8	7	6	9	1	3	5	4
9	4	1	3	2	5	6	7	8
5	6	3	4	8	7	2	9	1
4	1	5	8	3	9	7	6	2
6	9	8	7	5	2	4	1	3
3	7	2	1	4	6	5	8	9
8	3	9	5	6	4	1	2	7
7	5	4	2	1	8	9	3	6
1	2	6	9	7	3	8	4	5

300

3	8	9	1	6	7	4	5	2
6	5	4	9	2	3	8	1	7
2	7	1	4	8	5	9	6	3
9	1	3	5	7	4	6	2	8
7	4	8	2	1	6	5	3	9
5	6	2	8	3	9	7	4	1
1	3	5	7	4	8	2	9	6
4	2	7	6	9	1	3	8	5
8	9	6	3	5	2	1	7	4

301

2	6	7	5	4	9	1	3	8
8	3	5	1	2	7	9	4	6
4	1	9	3	6	8	5	7	2
6	9	4	7	1	3	2	8	5
1	5	3	2	8	4	6	9	7
7	2	8	6	9	5	3	1	4
5	8	6	4	3	1	7	2	9
3	4	2	9	7	6	8	5	1
9	7	1	8	5	2	4	6	3

302

9	2	8	1	5	6	7	3	4
3	5	6	4	7	2	1	9	8
7	1	4	8	9	3	6	5	2
2	8	3	9	1	4	5	7	6
5	4	9	6	8	7	2	1	3
6	7	1	2	3	5	4	8	9
1	6	5	3	4	9	8	2	7
4	9	7	5	2	8	3	6	1
8	3	2	7	6	1	9	4	5

303

3	9	8	6	4	2	1	7	5
5	4	1	7	9	3	2	8	6
7	2	6	5	1	8	3	4	9
9	3	2	1	8	5	4	6	7
1	5	4	3	7	6	8	9	2
8	6	7	4	2	9	5	3	1
4	1	9	2	3	7	6	5	8
2	8	5	9	6	4	7	1	3
6	7	3	8	5	1	9	2	4

304

7	4	5	1	3	2	6	9	8
3	9	2	8	6	4	7	1	5
8	1	6	9	5	7	2	3	4
5	7	4	2	8	1	3	6	9
1	3	9	4	7	6	5	8	2
2	6	8	5	9	3	1	4	7
6	2	3	7	4	9	8	5	1
9	8	1	3	2	5	4	7	6
4	5	7	6	1	8	9	2	3

305

4	6	2	5	9	1	3	8	7
9	1	8	6	3	7	2	5	4
5	7	3	2	8	4	6	1	9
7	4	1	8	2	5	9	6	3
3	2	5	9	1	6	4	7	8
8	9	6	7	4	3	5	2	1
1	5	9	4	6	8	7	3	2
2	8	7	3	5	9	1	4	6
6	3	4	1	7	2	8	9	5

306

7	2	1	6	3	9	5	4	8
8	6	4	2	5	1	9	3	7
3	5	9	8	7	4	6	2	1
1	8	6	3	4	5	2	7	9
9	4	7	1	8	2	3	5	6
5	3	2	7	9	6	1	8	4
6	7	3	5	1	8	4	9	2
4	1	5	9	2	7	8	6	3
2	9	8	4	6	3	7	1	5

307

1	7	5	2	6	4	9	3	8
8	4	3	7	1	9	5	6	2
9	2	6	3	8	5	1	4	7
2	5	4	1	9	7	3	8	6
3	1	9	8	2	6	4	7	5
7	6	8	4	5	3	2	9	1
6	3	2	9	7	1	8	5	4
4	8	7	5	3	2	6	1	9
5	9	1	6	4	8	7	2	3

308

6	2	9	5	4	8	3	7	1
8	7	3	9	6	1	4	5	2
1	4	5	7	2	3	9	6	8
4	9	1	2	7	5	6	8	3
7	3	6	8	1	4	5	2	9
5	8	2	6	3	9	1	4	7
3	1	8	4	5	7	2	9	6
2	5	7	1	9	6	8	3	4
9	6	4	3	8	2	7	1	5

309

3	7	1	6	5	9	8	4	2
5	6	2	3	8	4	7	9	1
8	9	4	2	1	7	6	3	5
4	2	5	7	9	1	3	8	6
1	3	9	8	6	5	4	2	7
6	8	7	4	2	3	1	5	9
2	4	3	9	7	6	5	1	8
7	1	8	5	3	2	9	6	4
9	5	6	1	4	8	2	7	3

310

8	4	5	2	6	9	7	3	1
6	7	2	1	8	3	4	9	5
9	3	1	7	5	4	2	8	6
1	9	3	6	7	5	8	2	4
7	8	6	4	2	1	9	5	3
2	5	4	9	3	8	1	6	7
3	2	9	5	1	7	6	4	8
5	6	7	8	4	2	3	1	9
4	1	8	3	9	6	5	7	2

311

8	1	7	5	3	2	4	9	6
3	4	6	9	7	8	5	1	2
9	2	5	6	4	1	8	3	7
4	7	2	3	8	9	6	5	1
1	3	9	2	6	5	7	8	4
5	6	8	4	1	7	9	2	3
7	5	3	1	9	6	2	4	8
6	9	1	8	2	4	3	7	5
2	8	4	7	5	3	1	6	9

312

7	3	6	2	9	8	5	1	4
5	4	8	6	3	1	9	7	2
9	1	2	4	7	5	8	3	6
2	6	4	1	8	3	7	5	9
8	5	1	7	6	9	4	2	3
3	7	9	5	4	2	6	8	1
6	9	3	8	2	7	1	4	5
1	2	7	9	5	4	3	6	8
4	8	5	3	1	6	2	9	7

313

9	8	7	4	6	2	1	5	3
4	1	2	9	3	5	7	8	6
5	6	3	1	8	7	9	2	4
6	2	5	7	9	8	4	3	1
8	3	4	5	1	6	2	7	9
1	7	9	2	4	3	5	6	8
3	5	1	8	7	9	6	4	2
7	4	6	3	2	1	8	9	5
2	9	8	6	5	4	3	1	7

314

5	3	4	8	7	9	2	6	1
1	2	8	4	6	5	3	9	7
7	6	9	2	3	1	5	4	8
3	9	2	7	8	4	1	5	6
6	8	5	9	1	3	7	2	4
4	1	7	5	2	6	8	3	9
8	5	1	6	9	2	4	7	3
9	4	3	1	5	7	6	8	2
2	7	6	3	4	8	9	1	5

315

2	5	3	9	4	8	1	6	7
6	7	1	3	2	5	9	8	4
8	4	9	6	7	1	2	3	5
1	3	6	2	5	4	8	7	9
4	9	5	8	6	7	3	1	2
7	2	8	1	9	3	4	5	6
3	6	4	5	8	2	7	9	1
9	8	7	4	1	6	5	2	3
5	1	2	7	3	9	6	4	8

316

7	9	3	8	6	5	1	4	2
6	4	5	2	9	1	8	3	7
1	2	8	4	3	7	6	5	9
8	5	9	6	4	2	3	7	1
2	6	1	5	7	3	9	8	4
3	7	4	9	1	8	5	2	6
4	3	7	1	5	6	2	9	8
9	8	6	3	2	4	7	1	5
5	1	2	7	8	9	4	6	3

317

6	1	5	7	8	4	9	3	2
8	4	9	2	3	5	7	1	6
7	3	2	6	1	9	5	4	8
5	2	6	1	4	8	3	9	7
1	7	8	9	6	3	2	5	4
4	9	3	5	7	2	6	8	1
9	6	4	3	2	1	8	7	5
2	5	1	8	9	7	4	6	3
3	8	7	4	5	6	1	2	9

318

8	9	1	4	5	2	6	7	3
4	6	7	9	3	8	5	2	1
5	2	3	1	7	6	4	9	8
6	3	2	5	8	9	7	1	4
9	8	5	7	4	1	3	6	2
1	7	4	2	6	3	8	5	9
2	4	6	8	1	7	9	3	5
3	5	9	6	2	4	1	8	7
7	1	8	3	9	5	2	4	6

319

5	8	1	4	6	7	9	3	2
4	9	2	1	3	5	8	6	7
7	3	6	8	9	2	5	4	1
3	6	4	5	7	1	2	9	8
8	1	9	6	2	3	7	5	4
2	7	5	9	4	8	6	1	3
1	4	8	2	5	6	3	7	9
9	5	7	3	8	4	1	2	6
6	2	3	7	1	9	4	8	5

320

3	9	5	6	7	1	2	4	8
4	6	1	8	2	3	5	7	9
8	2	7	9	5	4	1	3	6
1	4	9	7	8	5	6	2	3
7	5	2	3	1	6	9	8	4
6	3	8	2	4	9	7	5	1
2	1	3	4	9	7	8	6	5
5	8	6	1	3	2	4	9	7
9	7	4	5	6	8	3	1	2

321

2	6	3	9	1	8	7	5	4
8	5	7	6	4	3	2	9	1
1	9	4	2	5	7	6	3	8
3	7	6	4	2	9	1	8	5
9	1	8	3	6	5	4	2	7
4	2	5	7	8	1	9	6	3
5	4	9	1	3	6	8	7	2
6	3	1	8	7	2	5	4	9
7	8	2	5	9	4	3	1	6

322

4	2	5	8	1	7	3	9	6
8	9	6	3	4	5	7	1	2
1	3	7	6	2	9	4	8	5
2	4	8	5	9	1	6	3	7
3	5	9	4	7	6	8	2	1
7	6	1	2	8	3	9	5	4
5	7	3	1	6	8	2	4	9
9	8	2	7	5	4	1	6	3
6	1	4	9	3	2	5	7	8

323

1	5	8	7	2	9	3	6	4
4	6	9	5	3	1	8	2	7
3	7	2	4	8	6	9	1	5
6	2	4	9	1	8	7	5	3
7	8	3	6	5	4	2	9	1
9	1	5	3	7	2	4	8	6
5	9	7	8	6	3	1	4	2
2	4	6	1	9	7	5	3	8
8	3	1	2	4	5	6	7	9

324

3	9	7	8	4	1	2	6	5
1	8	5	6	2	3	4	9	7
4	6	2	7	9	5	3	8	1
2	1	8	4	6	9	7	5	3
9	4	6	5	3	7	1	2	8
7	5	3	1	8	2	9	4	6
6	7	9	2	1	8	5	3	4
5	3	4	9	7	6	8	1	2
8	2	1	3	5	4	6	7	9